開運面相好神氣

雨揚居士—著

【序言】

我看面相以來的日子

　　很久以前，一位仁兄匆忙找我看相，坐定之後，卻一句話也不說，我心裡想，他是想試試我看相的功力嗎？也不對，言詞之間並無挑釁或不敬的言詞。想必等著做重大的決定，可能是目前正失業或遇到失敗的人，眉宇間充滿著憂鬱和落寞，眼神中亦透露著幾分的惶恐不安。於是我便說：「先生您面貌端正，五官清秀，是一位不可多得的人才，宅心仁厚、氣宇非凡，將來必能成就一番事業。」先生哀嘆的說：「唉！老師，我都被裁員了，老婆也帶著孩子離家出走，我身無分文，窮苦潦倒，不知能不能看到明天的太陽？」我放慢了語調：「是的，您的確睡眠不足、過度焦慮、兩眼失神、面目凝重，但氣色是短暫的，待您精神恢復，重新振作後，您的面相仍舊是英氣煥發的。」這些話讓他恢復信心，他由一臉的狐疑轉為些許的信任，決心改頭換面，從那之後，聽從我對他的建議，他變得豁然開朗。

　　一年後，他回來看我，但我已經認不得他，且已忘卻他昔日為何憔悴，而如今已脫胎換骨、神采飛揚。他說，本來想尋短解脫，一了百了，聽到我的鼓勵，決定姑且一試，他回憶我當時建議他回去睡三天三夜，養足精神後，再從頭來過。豈料，睡飽了，黑眼圈不見了！氣色變好了，精神充足，頭腦也清楚，便很想有一番作為……。這是一則相由心生、運由心轉的真實案例。

　　更久以前，有一位老婦人由於兒子媳婦不孝，不願奉養她，天天以淚洗面，心情不好就來找我談談，我告訴她：「您的下巴長，有肉豐滿，照理說子女應該孝順才對，您是不是還有其他的子女對您很好？」老婦人一聽更悲傷了！原來她獨獨情鍾這個長子，把所有家產都給他，其餘子女都曾被她唾棄，所以她現在也沒臉去投靠其他的子女，經討論分析幾個子女目前處境之後，有個女兒嫁得不錯，且剛生小孩，趁著藉口照顧孫兒，說不定有團聚的機會，與其整天唉聲嘆氣，不如做些有意義的事吧！畢竟要好運就要動，動一動，跳脫自我處境，才有機會看見光明燦爛的陽光！

　　人往往會被一時的逆境給陷住了，無法自拔，此時，旁人一句鼓勵的話，很可能就幫助了這個人，在為人服務看相的同時，「日行一善」是我信手拈來的附加價值。雖然顧客尊稱我為「老師」，但更多時候顧客卻是我最好的良師益友，當虛心向顧客學習請益的同時，也在無形中提昇了更多領域的專業知識，豐富了視野，湧現了無盡的創意與靈感，顧客是我的無盡寶藏，而在與他人分享喜怒人生的同時，也是自省及感恩的最佳時刻。

　　兩年來「命運好好玩」節目把我帶進幾十萬個家庭，讓數百萬人聆聽我、接受我、喜歡我，共沐命理哲學的無私浩大、兼容並蓄，實現我易貫儒釋道的思想傳承，感謝這個節目給予我的一切，也感恩熱情的觀眾支持，祝福大家！

3

PART 2 臉部開運大改造

PART 3 面相法寶一點通

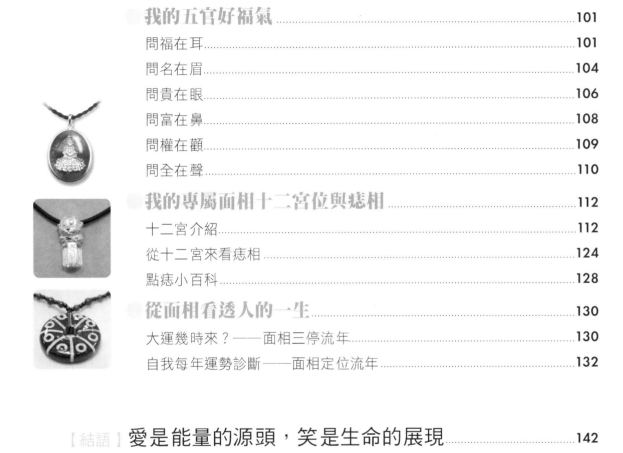

施比受更有福，有能力幫助別人，比接
受別人的幫助更有福氣、更有意義。

　　　　　　　　　　　　　　～雨揚

PART 1

面相好好玩

在我們一生當中會遇見許許多多的人，
誰會是你的貴人，而誰又是你的損友？
從他的臉上就能看出端倪。
學習面相不但樂趣無窮，還能「知己知彼、百戰百勝」。
現在，就從曝光率高的名人和周遭的親友開始觀察，
你會發現人的臉上隱藏了許多好玩的秘密喔！

超級比一比，你也有明星臉嗎？

無間道，由你當主角！

前一陣子《無間道》旋風襲捲整個亞洲市場，人人都為戲中深刻、痛苦、掙扎的內心戲及諜對諜的鬥智與緊張氣氛而熱血奔騰！想不想知道自己的五官面相較像劇中哪一個角色？有哪些顯著的明星特質？而那一類型的人又有怎樣不為人知的感情觀？藉由以下面相特徵及分析，你也可以找出自己像哪位主角，演出一場紙上的《無間道》，過過乾癮！

1 你自認自己最引人注目的五官部位是？	Ⓐ 眼睛 → 問題3
	Ⓑ 嘴唇 → 問題5
	Ⓒ 鼻子 → 問題4
	Ⓓ 臉型 → 問題2

2 你的臉頰豐厚而有肉，顴骨較顯見？
Ⓐ Yes → 問題3
Ⓑ No → 問題4

3 你的臉頰豐厚而有肉，顴骨較顯見？
Ⓐ Yes → 問題3
Ⓑ No → 問題4

4 當你與朋友交談時，對方可以很輕易地看到你的下眼白？
Ⓐ Yes → 問題4
Ⓑ No → 問題5

5 通常他人稱讚你的唇，都會說……
Ⓐ 薄翹性感 → 問題6
Ⓑ 豐厚誘人 → 問題7

6 你兩眉之間的距離比兩根手指並排還窄？
Ⓐ Yes → 問題7
Ⓑ No → 問題8

7 比一比，兩眼之間是否高挺？

Ⓐ Yes　　→ 問題8
Ⓑ No　　→ 問題9

8 你的眉毛濃厚且頭髮自然捲嗎？

Ⓐ Yes　　→ 類型3
Ⓑ No　　→ 類型4

9 當你照鏡子時，明顯發現自己的眼睛一大一小？

Ⓐ Yes　　→ 類型3
Ⓑ No　　→ 問題10

10 你眉峰跟眼睛的距離超過一指半？

Ⓐ Yes　　→ 類型5
Ⓑ No　　→ 問題11

11 你有堅定的眼神嗎？當上司或是長輩在責罵你時，你會……

Ⓐ 直視他，心中無所懼　　→ 類型1
Ⓑ 逃避對方的眼神，盡量不直視　→ 類型2

面相
好好玩

解析

李心兒 陳慧琳 飾

你的面相特性跟劇中的李心兒很相似，堅強的外表其實有一顆脆弱的心，雖然剛開始與人接觸時略顯不近人情，公事公辦，但久了卻會流露出真感情。

你頗富知性美，氣質獨特，在感情上具有銳利的觀察力、推測能力及富有好奇心及冒險的開拓精神。跟你在一起，生活充滿著趣味，因為你看事情的角度和想法不同於一般人。只是有時會給人自視甚高的感覺，而讓人覺得有些高傲，但其實只要熟了，會發現你很有同情心也很好親近。

劉建明 劉德華 飾

你的面相特性跟劇中的劉建明很相似，是個機會主義者，在黑與白兩邊左右搖擺，極力想要有所表現，卻用了較極端的手法，是優點也是缺點。

你隨時充滿著永無休止的求知慾和好奇心，所以喜歡不斷追求、探索及瞬息萬變，不喜歡永恆持久，因此當你的情人，要跟你一樣靈活多變，否則一旦跟不上你的腳步，會讓你覺得失去新鮮感。你常常會有古怪的想法，讓情人哭笑不得，不過只要情人可以跟著你的頻率，就能相處的不錯。

13

類型 3

陳永仁 梁朝偉 飾

你的面相特性跟劇中的陳永仁很相似,背負著許多說不出的沈重壓力,雖然每分每秒都危機重重,隨時要出賣身邊的人,但始終相信正義,堅持到底。

你較不會掩飾自己的感情,也不懂得拒絕別人的請求,所以常常會背負一些不必要的人情債;跟你在一起時會感受到無比的熱情,但是你突如其來的任性蠻橫不講理也會讓情人很無法忍受而想一走了之,加上你有時候會過於衝動,而讓情人感到很受傷。

類型 4

沈 澄 陳道明 飾

你的面相特性跟劇中的沈澄很相似,你的個性複雜,老謀深算,所有的計畫都在腦中,別人很難看透你,為了達到目的不惜犧牲一切,雖然實為正義一方,但行事果決不留情。

你的個性冷熱無常,其實你擁有無比的熱情與溫柔體貼,但是只要一翻臉,你的自私與冷酷無情,也會把別人逼得氣炸了;你是個很自我中心的情人,可以為了自己而傷害情人卻毫無慚愧與痛苦,讓情人很難分別你關心與責罵的界線為何。

類型5

楊錦榮 黎明飾

　　你的面相特性跟劇中的楊錦榮很相似，警界的精英份子，但為人心狠手辣，為了破案不擇手段，有亮眼的成績表現，但也帶給部屬及同事極大的壓迫感，不好相處。

　　情人剛跟你交往時會感覺很愉快，因為你會竭盡所能對他好，為的就是可以將他緊緊綁住，然而時日一久，你神經質和緊迫盯人的潛在性格也就慢慢浮現了，加上你天生完美主義的龜毛個性，讓情人覺得事事都被要求，雖然你是好意，但相處起來卻有些壓力。

Super名人面相大匯集

愛情面相大剖析

1 專情的模範情人

愛情的甜蜜總是令人沉醉，但是愛情中卻也有著太多的變數，讓愛情時時充滿著不安和害怕失去。然而，不管人事物如何的變換，對愛情始終如一的也大有人在。像是貴為唱片界天后之尊的王菲、深受青少年喜愛的大S、馬英九市長等，都是對愛專情的好模範。其實如果我們單從面相來分析，也能窺得這種特徵。

1. **眉型佳**：眉頭眉尾始終如一，沒有斷眉、缺眉尾，或者是眉尾分岔的人，對愛情不會三心二意。

2. **眼神穩**：眼神呈現穩定的情況，不東飄西飄，如果再加上眉毛長得比較秀長的人，對愛情較為深情不移。

3. **口角如弓、稜角分明**：個性溫柔聰慧，會願意與另一半同甘共苦。

2 最佳優質男主角

在日劇《神啊，請多給我一點時間》裡，金城武飾演一個可以一起共患難的專情男人，以成熟又穩重的形象迷倒眾多少女的心。而在現實生活中，要如何尋覓類似金城武、好爸爸阿亮、好男人庾澄慶這類型的優質好男人呢？

1. **臉頰上的顴骨高**：顴骨高之外還要有肉包著。
2. **鼻準頭大**：鼻子要高不能太塌，鼻準頭要豐厚有肉。
3. **嘴正有角**：嘴巴一定要長得正，如果嘴巴不小心長成兔唇或是歪掉，在共患難這方面就比較難做到了。
4. **金型臉**：即臉型稍方，有一個漂亮角度的人，這樣的男人最能夠共患難。

3 你和外國人對味嗎？

雖然異國戀曲已不是什麼新鮮事，但因為這樣的例子仍算少數，所以依舊會吸引眾人的目光。而演藝圈中像是李明依、天心、郎祖筠等，都是異地情緣的代表人物，究竟從哪些面相特徵，可以窺得有異國戀曲的跡象呢？

1. **額頭高**：額頭高的人比較容易譜出異國戀曲，而額頭低的人，另一半多是本地人，或是住附近的同學、鄰居、同事。

17

2. **驛馬星寬**：驛馬星位在兩邊額角頂的位置，愈寬者，在戀情上跟國外比較有緣。驛馬星還分左驛馬跟右驛馬，假設說右驛馬比較美，而且沒有任何疤痕、長痘痘，那表示你和正東方、南方、東南、東北的緣份比較深，容易結識地球東半邊及東南亞地方的人，如：日本人、韓國人、夏威夷人等。如果是左驛馬星特別漂亮的話，就表示你跟正西邊、北邊、西北邊、西南邊的緣份較深，戀情會往大陸或是西方國家發展。

3. **嘴巴開大合小**：多外出旅遊運，適應力強，所以往國外發展姻緣會較他人順遂。

4 不折不扣的萬人迷

日本第一帥哥木村拓哉、亞洲新興師奶殺手裴勇俊、電眼情人梁朝偉，個個都是極受男女老少愛戴的萬人迷，魅力更是跨國界的燃燒、無遠弗界。這種桃花旺到能成為萬人迷的人，究竟在面相上有何特徵呢？

1. **桃花眼**：一種是水汪汪會放電的眼睛，另一種是眼睛比較有神的人，這兩種人通常都會吸引到很多的桃花。

2. **兩眼之間鼻樑高（即山根高）**：這也是桃花旺的表徵，因為這種人比較有自信，有自己的想法，散發出的酷勁會讓人前仆後繼的愛慕。

3. **上唇薄、下唇厚**：也是易招桃花的一種，而且笑起來的時候，上唇幾乎快看不見的人，桃花相當旺。

5 愛情與麵包的抉擇

愛情和麵包，你選哪一邊？每個人的價值觀不同，所以選擇當然也不同，放眼演藝圈，成龍的妻子林鳳嬌、早年的青春玉女周慧敏、楊采妮、葉蘊儀，都選擇了為愛而息影，由此可見他們是相當重視愛情的人。該如何從面相上來分辨一個人重愛情或重麵包呢？

1. **眉毛濃淡**：眉毛有頭有尾，或者眉毛屬於比較濃一點的人，就會一心只想要愛情，然後有沒有麵包也無所謂。反之，眉毛較淡的人，比較重麵包。

2. **眉眼寬窄**：眉眼之間比較窄的人，比較重愛情，現在想到什麼就做什麼。而眉眼之間寬的人比較理智，也比較愛錢，會把錢放在愛情前面，在有了錢之後才會去談論他的終身大事。

3. **嘴唇薄厚**：上唇厚下唇薄的人，看重愛情、喜歡付出，覺得愛一個人就應該要多做一點。上唇薄下嘴唇厚的人，比較重麵包，而且比較喜歡享受，喜歡別人滿足他物質上的需求。

財運面相大剖析

1 好好先生不要債

有些男人總是要展現他強勢的一面,覺得這樣才有男人的本色,卻也有一些人總是斯斯文文,待人處事都是一派溫文儒雅,像台北市長馬英九或藝人王中平給人的印象就比較溫和,像這樣比較容易同情別人的好好先生類型,在面相上有什麼特徵呢?

1. **耳垂美、鼻頭圓**:耳垂美的人一定有儲蓄,若加上鼻頭圓且鼻孔大,雖然他外表可能很寒酸,但那是節省,默默累積很多錢財,這種人很有愛心,也很有同情心。

2. **人中長**:這種人不忍心去跟人家要債,他會覺得你過得比我不好,所以他不會去跟人家要債。

3. **眉寬廣平整**:心地善良,重情重義,所以也不會去逼人償還債務。

2 飛上枝頭鳳凰女

俗話說得好：「男怕入錯行、女怕嫁錯郎。」不管事業做得多大，人際關係多好，錢賺得再多，所有女人最終的夢想還是想要嫁個好老公，例如：嫁給香港富商的影星林青霞、藝人田麗，都是這類型幸福的女人。如果你也能夠碰到一個疼愛自己且又有錢的好男人，相信你連作夢都會偷笑！能當少奶奶，面相要有什麼特徵呢？

1. **眉清目秀**：眉毛細長、眼睛看起來秀美，容易得人喜愛、有人緣。
2. **鼻子端正**：鼻子端正的人，夫運較好。
3. **嘴相好**：笑臉迎人，一定要時常笑嘻嘻的樣子，這樣才能嫁到好人家、嫁對好老公，得到疼愛，而且還可以享受現成的福蔭。

3 坐擁金山銀山

懂得運用手上的資金來購置不動產，是增加財富的其中一項利器，不論在事業上有多成功，手頭上擁有多少資金在流動，若是不懂得適時調配及投資，對於現有的財富就只能守成而無法開創，像李前總統或連戰先生名下都有可觀的房地產。想知道不動產運特佳的面相有什麼特徵嗎？請看下面的分析。

1. **耳垂**：不是看耳垂的大小，而是在於形狀；耳垂又圓又厚的人，比較容易得到父母親給的房子。
2. **地閣圓滿**：地閣是腮骨的一個總稱，通常要瘦不露骨，或有肉整個包住才稱得上是地閣圓滿，這種人祖蔭豐富，本來就有很多的房地產。
3. **眉眼寬窄**：眉眼之間太窄的人，房子要靠自己賺；而眉眼之間寬的人可靠父母留。

4 有名有利又貴氣

有人一出生並不是在大富大貴之家，他所有的一切都是靠自己打拚而來的，只有執著不怕吃苦，凡事親力而為的人，才容易成功；有些有名望的人，都會有自己的排場及架勢，容易輕忽沒有地位的人；有些人的聲望已站在高處，卻還是保持著謙虛的風度，令人佩服，像影星成龍、藝人張學友都屬這類型的人。這樣有名有利又貴氣的福相，有何特徵呢？

1. **鼻子**：問富在鼻，人會不會有錢，鼻子是一個很重要的指標，若擁有一個大鼻子，就是象徵非常富有。
2. **眼神穩**：若一個人擁有好的眼神，就容易有貴氣，貴代表身分地位的崇高，容易成為別人的貴人，而且也經常能碰到貴人提攜。
3. **嘴巴大、眉毛順、顴骨高、耳朵厚**：嘴巴大是有財，眉毛順代表長壽，顴骨高代表有權力，耳朵厚代表有福氣。

5 你會主動金援枕邊人嗎？

許多女人婚姻路坎坷，總以為自己找到的是好男人，卻沒想到翻臉最無情的竟是枕邊人；因為心軟又很容易信任人，所以才會遭到有心人士的欺騙，常常吃虧，就算知道對方有重大的缺點，但只要對方表現出後悔的樣子，就又選擇相信，如歌星比莉。這樣容易心軟、金援他人的面相，有何特徵呢？

1. 兩眼之間鼻樑比較低：比較有同情心，常在金錢上
陷入兩難，但是到最後都會傾向於比較有同情心
的那個部分。尤其是兩眼之間低且有顴骨的女
生，她既有同情心又有能力，所以她借你錢
時並不會太在意，覺得錢財是身外之物，如
果錢財可以買到真愛，而且兩個人真正開
心快樂的話，其實這一點付出不算什麼。

2. 眼皮比較薄：容易借錢給別人，不過是精
明的投資，她會認為借錢給男生是一種長
期投資。

3. 眉眼之間距離寬：這種女生喜歡買房地
產，所以只要你說要投資房地產、不動
產、買公司之類，而她也認為你的眼光夠
準，那麼她就會投資你。

事業面相大剖析

1 才貌雙全的天之驕女

　　每個人都渴望自己在各方面都能是滿分的狀態，但就現實而言，要集外貌、富貴、能力於一身的人畢竟還是少數；不過演藝圈中的富家千金關穎、台灣名女人何麗玲，卻是令人既羨慕又嫉妒的天之驕女！究竟要擁有怎樣的面相才有可能晉升天之驕女一族呢？

1. 圓形臉：臉圓代表有福氣，尤其在財運上總是會特別
　好運。

2. 兩眼之間鼻樑高：充滿自信，能在工作上有好表現，
　易受到重視。

3. 額頭飽滿、眼睛有神：代表名聲很好，能在人際
　關係上悠遊自得。

4. 嘴角上揚、愛笑：代表異性緣佳，可以在愛情、
　婚姻中坐享其成。

2 你是社交高手嗎？

　　如果想要事業運好，那麼社交手腕的高超與否，也是不容忽視的重點。一個人若注重潮流趨勢、交友廣闊，那對他的事業也必定會有很大的加分作用。例如時尚圈的名人孫芸芸、倪雅倫、孟廣美，他們的事業成功、知名度高，這跟高超的社交手腕絕對有關。什麼樣特徵的人在社交圈會特別吃香呢？

面相好好玩

1. 嘴巴大：所謂「嘴大吃四方」，嘴巴是一個人的財庫，嘴巴愈大的人朋友愈多，而且三教九流的朋友都有。

2. 嘴唇厚：嘴唇厚的人，為人寬厚、講義氣，人前人後態度都很一致，擁有真性情，不會惺惺作態。

3. 笑起來嘴角上揚：這種人在人際關係上比較吃得開，而且這種吃得開不只有異性緣，包括同性也會很喜歡。

4. 顴骨有肉：顴骨代表求知慾望，所以顴骨比較明顯的人，會害怕自己落伍了，所以會在時尚新知上不停的進修。

3 你未來有可能是成功企業家嗎？

沒有人不希望自己工作順遂，尤其是男性朋友們，幾乎每個都想像成功企業家張忠謀、許文龍、郭台銘等，在事業上飛黃騰達、鴻圖大展。當然，想要事業成功，積極努力是必備的條件，但是除此之外，我們也可從面相中窺見自己是否有這種命格喔！

1. 額相好：額頭寬而圓，有一點亮光，這種人覺得「奮鬥的過程」是一個光榮的事蹟，而他也樂於與大家共享成功的果實。

2. **耳相好**：想法樂觀，勇於面對挑戰，所以碰到困難都可以逢凶化吉，而且還會因為積極的想法讓事情產生好的結局。

3. **兩眉之間（即印堂）寬**：這類型的人個性豁達，不在意世俗的看法，也不容易被蜚短流長所影響，常堅持自我的風格。

4. **兩眼之間高**：很有自信，不會被惡劣的環境打倒，會以眼前的成就來肯定自己。

4 脫穎而出的佼佼者

在主播台上堅持自己新聞專業度的張雅琴、在亞洲歷久不衰的人氣天王劉德華，以及紅遍兩岸三地的阿妹，他們都是在自己領域中的佼佼者，他們的成功、成名都很讓人稱羨。從面相中的哪些特徵可以透漏我們是否能出類拔萃、鶴立雞群呢？

1. **顴骨高**：競爭力強，在某方面非常有自信，不怕跟別人比較，因此顴骨愈高，愈容易脫穎而出。

2. **兩眼之間高**：自尊心很強，會欣賞自己每個關鍵所做的決定，懂得把握機會，活在當下，不會一直追悔過去。

3. **額頭飽滿**：貴人運特別強，通常都會靠貴人的扶持脫穎而出。

5 自己闖出一片天

　　雖然白手起家、靠自己闖出一片天的創業過程會比較辛苦，但是只要願意腳踏實地、朝著自己的目標邁進，在事業的開創上仍會有很大的發展空間。例如：亞都麗緻酒店總裁嚴長壽、阿瘦皮鞋董事長羅水木，都是憑藉著自己的毅力和腳踏實地的苦幹精神攀至業界的頂峰。這種靠自己雙手出頭天的人，在面相上有哪些特徵呢？

1. 額頭比較低：個性上比較沒有安全感，常會用工作成就來肯定自身的價值，因此要靠自己努力才會成功。

2. 毛髮比較粗：這類型的人，基本上天生比較勞碌，所以常會比其他人更踏實，是苦幹實幹型的人物。

3. 鼻準頭較尖：對事情的看法非常務實、準確，不會作白日夢，只要個性再圓融一點，就會更容易成功。

家庭婚姻面相大剖析

1 旺夫又旺丁的賢內助

結婚前後的運勢往往大不相同，因為夫妻的運勢是相通的，所以有些人婚後是苦命的開始；而有些女人卻能大旺夫家。例如：葉玉卿婚後老公更有錢，葉玉卿的老公胡兆明大讚老婆旺夫；成龍妻子林鳳嬌默默支持，讓成龍能無後顧之憂在影壇大放光彩。如何從面相來看一個女人是不是能夠旺夫又旺丁？你可看看臉部哪個地方的輪廓最寬，長得最完美，即是哪一時段最旺夫了，而三停皆飽滿的女人，是最旺夫的面相了。

1. **上停飽滿**：在眉毛以上的地方稱為上停，此處飽滿的女生可旺結婚後二十年。娶到天停很飽滿的女生，你就會立刻工作順利。另外，天停飽滿的女生大都家境富有，或者是出身名門望族，所以結婚後同樣會把富貴之氣帶給你。

2. **中停飽滿**：中停要看鼻相好與壞，因為鼻子象徵財富，所以鼻子大的女生可以旺夫，自己本身也很會賺錢，能讓先生沒有後顧之憂，而且在兩人結婚後十五年到三十年之間最為旺夫。而中停的顴骨部分比較

飽滿的女人，表示人際關係強，人脈廣，能為丈夫站台，許多政要名人的妻子皆為此面相。

3. 下停飽滿：從鼻子以下，到下巴的地方為下停，主旺晚年。若先生晚年運不佳，如：子女不孝、事業不好、財運不佳等，而太太的地閣比較飽滿，有雙下巴更好，她就能化解先生不好的刑剋。另外，嘴巴生得好也很重要，嘴角上揚的太太，能適時地給對方鼓勵，讓先生充滿信心，如此面相的女人也比較旺夫。

2 旺妻的新好男人

全世界吹起男女平等的風潮後，女人不再受到傳統社會的壓制，而可以選擇自己的終生伴侶，擁有新好男人形象的人，逐漸成為女人挑選理想對象的原則。日本的新好男人典範——木村拓哉，為了給老婆最好的養胎環境，住在工藤靜香東京目黑區的娘家，不理會外界說他「入贅」等批評，不同於傳統大男人的行止。你知道該如何挑個旺妻的新好男人嗎？

1. 頭髮細少：頭髮髮質比較細少的男人，會以比較寬闊的胸襟去接受世俗覺得不能接受的事，默默地支持太太去做任何事情；而且頭髮細少的男生也比較樂觀，只要老婆願意就任其發揮、百分之百的支持。

2. **額頭高**：頭髮比較少再加上額頭高的男生，是非常旺妻的，例如：胡志強、章孝嚴、許信良與蘇貞昌等人，能讓老婆過著無後顧之憂的生活，不只是在物質生活上無憂，而且在精神生活上也同樣能給老婆較多的滿足。

3. **眉眼之間寬**：眉眼之間比較寬的男人，心胸和格局也比較寬大，不怕讓自己的太太予取予求，因為眉眼之間寬的人，不會跟女人計較，只要老婆高興就好。

4. **話不多**：話不多的男人比較旺妻，因為他話不多，所以能傾聽太太講話，給太太自己的舞台與空間，並會站在一個欣賞的角度來看待太太。

5. **穿著得體**：喜歡穿著得體的男人，因為自己愛漂亮，喜歡整整齊齊、光鮮亮麗的出門，相對的，也希望太太打扮得很漂亮，而且會努力供應好的生活品質給另一半。

6. **屁股有肉**：屁股是財力的象徵，表示他有錢，相對地，對太太在金錢上比較不計較，會非常的大方。

3 兼顧事業家庭的聰明女

台灣愈來愈多雙薪家庭，除了相夫教子外，還要工作的女人比例愈來愈高，職場家庭兩頭燒，常常魚和熊掌不能兼得，能兼顧的女強人往往是最令人羨慕的。例如：結婚生子後的賈詠婕和伊能靜不但都更加亮麗，還紛紛出書、代言。這種能在婚後兼顧事業與家庭的女人，在面相上有何特徵呢？

1. **兩眼之間高**：兩眼之間不低陷而高挺的女人，婚後仍會步出社會，有一番作為，而且大多喜歡從事光鮮亮麗的行業。
2. **顴骨高**：婚後會持續學習的心，不想被時代所淘汰。
3. **耳高於眉**：聰穎過人，並能時時保持心情愉快，兼顧事業及家庭。
4. **鼻準圓潤**：本身財源豐足，工作能力強，亦能旺夫益子，事業、家庭皆能兼顧。

4 速配的夫妻面相組合

怎樣由面相來判斷你們是不是最速配的夫妻組合呢？其實很簡單，從彼此的額相就可以看出兩人在觀念上是否相合喔！銀色夫妻歐陽龍與傅娟鶼鰈情深的幸福形象，再加上他們的可愛女兒，家庭美滿幸福，令人十分羨慕；而歌壇長青樹余天，二十五年來有愛妻李亞萍的支持，讓事業歷久不衰；在面相配對上他們的指數都高達四顆星！

1. **低額頭男vs.低額頭女**：此配對並不理想，因為兩個人對事業都不是很熱中，且目光比較短視，再加上想法觀念上保守，沒有辦法跟上整個時代，因此，賺錢的指數會降低，家運不強，速配指數只有一顆星。

2. 低額頭男vs.高額頭女：對事業及很多事情的看法都會不一樣，默契不足，他們的速配指數只有兩顆星。

3. 高額頭男vs.低額頭女：此為古代的配婚法，男生額頭高而飽滿，事業心強，事業第一；女生額頭低而窄，事業心弱，事事都為家庭著想，即「男主外、女主內」的最佳拍檔，速配指數三顆星。

4. 高額頭男vs.高額頭女：速配指數是四顆星，同樣自我要求高之外，對事業的企圖心與未來的理念也非常的高，所以能一拍即合。

若速配指數不高時，只要多加強彼此的溝通，而且更用心去經營，如此就能使婚姻長長久久、幸福甜蜜。

5 你的子女優秀嗎？

天下父母心大都是望子成龍、望女成鳳，為小孩努力爭取教育資源，但是小孩有沒有出息，從面相就能窺知一二了。例如：馬英九市長的人中長，他的兩位女兒都很優秀。而著名影星父女檔關山與關之琳皆在影壇締造不朽的地位，父女倆的面相都是虎父無犬子的最佳代表。想知道子女有沒有出息？跟子女的緣份是深是淺？可以從面相中幾個地方分析：

1. **父母人中長**：如果父母人中很長，而且特別深的，通常孩子也都很優秀。
2. **子女下巴長**：下巴長的小孩通常很優秀，班上成績名列前茅，不需要父母親操心，就能打理好自己。
3. **眼袋長得好**：爸爸眼袋顏色很深，且眼下沒有惡痣，又特別是眼袋有臥蠶的人，自己表現不見得很出色，可是小孩會很優秀。
4. **法令紋旁左右兩塊飽滿**：晚輩會尊敬你，自己的子女也會孝順奉養你；若是法令紋特別深又凹陷的人，表示到了晚年仍勞碌，孩子沒有辦法賺錢來供養你，或代表自己能力很強，不需要子女供養。

面相大觀園

從面相透視你的愛情

Q1 拒絕花心大蘿蔔

小林雖然已經有個如花似玉的女朋友，但他還是會不時地對身旁的異性們放電、搞曖昧，雖然女友已經多次警告他，但他卻依然故我。如何從面相看穿一個人潛在的花心特質呢？遇到了這類型的人你又該怎麼辦？

A

1. **眼神迷惘**：眼睛看起來醉眼迷濛，好像喝醉酒的樣子，這種人比較濫情，因為他的視線容易恍惚，會讓人感覺在亂放電。

   【**應對之道**】如果你的情人有這個特徵，那你可以選擇送他一副黑框的眼鏡，可以擋住他放電的眼神，也能減少爛桃花發生的機會。

2. **臉上雜毛多**：這類型的人談感情比較不認真，在愛情上專情指數低，濫情程度高。
　　【**改善方法**】將眉和眼之間叢生的雜毛及臉部的雜毛定期修剪乾淨，可以讓心態比較穩定，這樣談起感情來也會比較認真。此外，也能讓事業運變得比較好。

Q2 你會為愛深陷泥沼嗎？

　　小楚的男友不知讓她傷心了幾百回，她也明知道男友缺點數不清，但還是願意浪費自己的青春年華在這個不值得依靠的男人身上。哪種面相的人會愛到無法自拔、深陷其中？如果你是這種人又該如何調整心態呢？

A

1. **兩眉之間有亂紋**：在兩眉之間除了雜毛之外，還長了很多的亂紋，尤其是有兩條紋像國字「八」一樣或一條直紋的人，個性比較死心眼。
2. **常皺眉頭**：這種人會為事情苦思，很執著且跳脫不開，這種個性顯現在愛情之中，就顯得過於執著而會為愛無法自拔。
　　【**應對之道**】如果你的情人是這種人，記得要多開導他、多關心他，他的心胸才會開朗，你們相處起來才會輕鬆愉快。如果自己本身就是這種面相，在不開心的時候，不妨可以聽一點輕柔的音樂，放鬆心情，不要老是讓自己不開心。

Q3 你是為愛而爭鬥的戰士嗎？

　　小玲雖然知道阿俊有許多愛慕者，但為了能和自己喜歡的人在一起，小玲可是費盡心思、明爭暗鬥樣樣都來，為的就是要擄獲阿俊的心，成為他的女朋友。其實為愛爭鬥並不輕鬆，但究竟是哪些面相的人會樂此不疲呢？

A

1. **眼睛大且圓**：會直接表達自己的感情，也會為了愛情而爭鬥，所以是屬於敢爭取愛的人。

【應對之道】這種情敵氣勢高昂，所以在情場上遇到這類型的對手，千萬不要和他硬碰硬，低調一點才能讓他對你卸除心防，你也就能避掉他的明爭惡鬥。

2. **鼻子高**：鼻子高的人會為愛爭鬥，若再加上兩眼之間也高，那麼在愛情上就會明著來，擺明了我就是要他，你也不用跟我爭了。至於鼻子高但兩眼之間低的人，則會暗著來，私下用手段來達到他的愛情目的。

【應對之道】對付明著來的情敵，你就要暗著來，表面上裝作根本沒有要跟他競爭的意思，他就不會視你為眼中釘。至於暗著來的情敵，就要提高警覺了，這樣愛人才不會輕易地被搶走。

Q4 會跟舊情人藕斷絲連的男人

阿豪雖然交了一個新女友，但還是會不時地與前女友聊天、吃飯，甚至相約一同出遊，但每當女友質疑他的行為時，他總是兩手一攤說沒什麼，還覺得女友太過猜疑了。這種念念不忘舊情人，會保持著友好關係、藕斷絲連的男人究竟有什麼特徵呢？

A

1. **眉跟眼之間有一點隆起且顏色明潤**：因為比較熱心、熱情，會主動關心或幫忙舊情人，而和舊情人維持著藕斷絲連的關係。

2. **眉跟眼之間窄**：自己會去糾纏別人，不肯輕易放手，所以也容易給人藕斷絲連的感覺。

【應對之道】身為這種人的情人，要學著信任他，並在愛情中保持著欲擒故縱的態度，這樣他就會因為你的若即若離而感到擔心，也才會將更多心思放在你身上。

Q5 奪人所愛的狐狸精就在你身邊？

辦公室的人都知道潘潘跟總經理之間有著不可告人的曖昧關係，所以都不敢招惹潘潘，不過最可憐的莫過於總經理夫人了，一直被矇在鼓裡。「女人何苦為難女人」？但偏偏狐狸精就是那麼多，為了自救，熟記下狐狸精可能會有的長相特徵吧！

A

1. **眼睛大且睫毛濃翹**：性腺激素分泌非常旺盛，很會放電，也比較有女性「媚」的特質。

【應對之道】當你的情人身邊出現這類型的人物時，你就要設法避免她跟情人有長時間的接觸，此外要時時打扮自己，常常在愛情中製造新鮮感，這樣能更有效地抓住情人的心。

2. **下巴尖**：容易沒有安全感，很喜歡人家陪、很依賴男人，希望受到呵護及寵愛，所以會特意的表現出一副楚楚可憐的樣子，來博取男人的憐愛。

【應對之道】對付這種人，你除了要在情人面前表現出你更需要他之外，還要設法找個人去陪那個女生，最好是其他異性，當他們倆能湊成一對的時候，你便能高枕無憂了。

Q6 有舊愛卻同時結交新歡的人

小麗跟阿漢在一起好一陣子了，但當熱戀感覺退去之後，小麗又開始寂寞難耐，所以為了追求情感上的新鮮和刺激，小麗常常出入夜店狂歡，甚至背著阿漢私下結交眾多的異性朋友。這種在愛情上不顧情人感受，而私下結交新歡的人，具有什麼特徵呢？

A

1. **嘴角上揚**：嘴巴很甜，懂得討人歡心，所以花言巧語之外，也懂得未雨綢繆，因此在愛情上，會有不想將雞蛋都放在同一個籃子裡的心態。

2. 上嘴唇薄：這種人需要不斷的受到呵護寵愛，在感情上比較自私也比較保護自己。

【應對之道】以上這兩種人的出軌是因為沒有足夠的安全感，所以要穩定這類型情人的心，你只要把滿腔關心和在意統統表達出來，這樣他就不會因為心不安而背著你做壞事。

3. 有虎牙：非常有主見，也非常霸氣，不容許自己是先被甩掉的一方，所以他通常會有備胎，而且會在你要把他甩掉之前，早一步就把你甩掉。

【應對之道】這種人當你不愛他的時候，還是趁早跟他說清楚，否則不管事情的真相如何，一旦他懷疑你已經不愛他了，他就會很快地準備好另一個情人。

Q7 天生沒有異性緣的面相

阿力是個質樸木訥的青年，為人誠懇實在，待人也很和善，照理說人緣應該相當好才對，但是他的身邊幾乎都是同性的朋友，連一個異性朋友都沒有，異性緣差到年紀都一把了卻從沒談過戀愛。這類天生異性緣就比較差的人，在面相上有何特徵呢？

A

1. 沒有笑容：臉上沒笑容，就是沒有桃花臉，所以天生異性緣比較薄弱。

【改善方法】如果你是這種人，可以多穿亮色系的衣服來突顯自己，才能讓你容易獲得異性的青睞。

2. 嘴唇特別厚：上下唇都非常的厚，而且嘴巴總是開開的，這類型的人容易給人痴痴傻傻的感覺，所以注定天生異性緣比較弱，容易錯失良機。

【改善方法】嘴巴厚是天生的，雖然這點無法改變，但是要時時提醒自己嘴巴要閤緊，另外，你可以在其他方面多努力，多跟異性聊天，多參加聯誼活動或安排相親，積極地展現自己的專長與優點，都是提升異性緣的好辦法。

3. **眼神呆滯**：人的眼睛不一定要長得很漂亮，但是一定要有神，如果一個人眼神呆滯，看起來就會傻傻的，吸引不了人，異性緣也當然不會強。

【改善方法】你若常常眼神呈現呆滯狀態，建議你要好好養足自己的精氣神之外，還要常常保持笑容與開朗的笑聲，可以讓體力精神飽滿，氣色自然會跟著好，眼睛也會有神許多。另外，不妨去剪一頭有型的短髮，讓外型看來清爽明亮，也是不錯的開運好方法。

Q8 在感情上會吃回頭草的面相

小龍之前在情感上背叛了阿鳳，所以阿鳳因而離去，不過事後小龍非常後悔，不斷的找機會在阿鳳面前表現他的悔意，並且用行動來證明他等待阿鳳的決心，最後阿鳳終於被小龍的誠心打動了，而回到小龍的身邊。在愛情中，不是每個人都會因你的痴心等候而回頭，到底是哪種面相的人會特別容易吃回頭草呢？

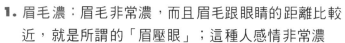

1. **眉毛濃**：眉毛非常濃，而且眉毛跟眼睛的距離比較近，就是所謂的「眉壓眼」；這種人感情非常濃厚，也比較不理智。

【應對之道】與這樣的人相處，你要多點耐心，用真情誠意或付出時間去感動他，他最後還是會受到感動而回頭。

2. 嘴唇厚：唇厚的人比較感性，也比較重情慾，耐不住寂寞，也不夠理性。

【應對之道】這種人只要你一直對他表達情意，他也會受到情感的召喚而願意回頭。

Q9 會遇上桃花劫的男人的面相

阿芬的先生經營一家貿易公司，時常為了要跟客戶談生意，而不得不去一些聲色場所，雖然她每次都能體諒丈夫做生意的為難，不過這一次卻鬧出個桃色新聞來，搞得大家顏面盡失。預防重於治療！你知道該如何避免男人事業上的桃花劫嗎？

A

1. 眉毛斷裂：眉毛代表一個人的心性跟感情，所以眉毛有斷裂，就容易有桃花劫。而幾歲會有桃花劫，可以這樣推算，例如：一個人可以活八十歲，眉毛中間的部分斷裂，大概就是四十歲的時候會有桃花劫，而若斷裂處在很後面，那就要小心臨老入花叢了。

【改善方法】眉毛如果有斷裂，一定要進行修補，最好修飾到別人都看不出來。

2. 兩眉之間紋路複雜：兩眉之間代表命宮，因此在這個地方紋路很亂，或長一些小顆粒、髒髒的東西，這個也是一種桃花劫，而且這種桃花劫常會危及生命安全。

【改善方法】可以借助美容或醫療方式，來達到撫平兩眉之間的雜紋或除去斑點。

3. 眉尾與眼尾處紋路亂：在正常的情況下，魚尾紋只有幾條而已，如果紋長得很漂亮就叫桃花紋，反之若紋長得非常亂，而且還斷裂，這就是桃花劫了。

【改善方法】多注意臉部保養，避免魚尾紋亂長，而且盡量不要出入聲色場所，讓交友單純化也能防止桃花劫。

從面相慎選事業好夥伴

鐵面無私的老闆面相

Q1 小良夢寐以求的公司正在招考員工，但由於競爭的人實在太多，而他的實力又不太夠，因此他才會希望能夠透過人情關說擠進這家公司，無奈面試官是個非常正直無私的人，所以他不但被訓了一頓，還被取消面試資格。在職場上要小心別踢到鐵板囉！你知道剛正不阿的人長怎樣嗎？

A

1. **額頭高**：道德感比較重，會以「亂世裡的一股清流」自我期許，所以會給人一種自命清高的感覺。

2. **兩眉之間（印堂）寬**：為人剛正不阿，不但自己可以嚴正的拒絕賄賂，而且還會斥責別人一番，屬於苦口婆心的類型。

3. **眉與眼之間寬**：眉毛和眼睛的距離比較寬的人，覺得自己是與眾不同的，所以決不允許自己和世俗同流合污。

4. **人中長**：直腸子，不會做表面功夫，比較沒有貪念，所以會比較正直。

   【應對之道】規規矩矩、踏踏實實，不投機取巧就能贏得這種人的尊重。

Q2 好老闆的面相

如意剛從大學畢業就找到一份好工作，雖然那家公司的規模不大，但卻極具潛力，而且最特別的是，老闆是個非常有雅量的人，不僅能接納各方意見，還時常鼓勵員工，讓員工對公司有很強的認同感。羨慕嗎？你想知道好老闆都長什麼模樣嗎？

A

1. **兩眉之間寬闊**：這種老闆心胸比較大，有原諒人的雅量，所以會給員工改進的空間。
2. **眉與眼之間寬闊**：這種老闆耐性和脾氣都比較好，而且做事情有輕重緩急、有計劃性，所以員工很好配合。
3. **嘴巴上揚**：這種老闆比較會鼓勵員工，會讓員工很有成就感，樂於為他貢獻己力。
   【應對之道】有幸遇到好老闆，代表你本身的事業運還不錯，一定要把握機會好好表現，保持笑容與活力，並且注重職場禮節，懷著謙虛有禮的工作態度，這樣在事業上才會有光明的未來。

Q3 吃苦耐勞的員工面相

阿佳是個很耐操的員工，雖然膽子比較小，但是忍耐力超強，所以即使被難搞的客人百般刁難，或被老闆責罵，也總是默默的承受，從不抱怨，對他來說，把自己的工作做好，遠比任何事情還來得重要。你知道這類型能夠吃苦耐勞的員工在面相上有什麼特徵嗎？

A

1. **嘴巴小**：比較認命，即便是受了委屈，還是會繼續默默的耕耘，而且心裡也很清楚，抱怨根本沒有用，所以還是會認份的把自己事情做好。
2. **兩眼之間（山根）低**：比較沒主見，能夠吃苦耐勞，只要老闆稍微對他好一點，他就會全力付出。

3. **臉小**：臉小的人比較膽小，不敢陽奉陰違，所以通常老闆交代什麼，就會乖乖的去做。

【應對之道】這類型的員工雖然比較膽小沒主見，但也不失認真負責，所以當老闆的要多給這種員工一些教育訓練的課程，提昇他的自信心。

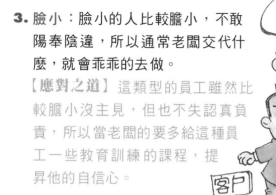

Q4 滑頭難搞的員工面相

阿祥是一家公司的老闆，底下員工幾十人，雖然表面上員工之間都能互助合作，但是私底下總是有幾個員工特別難搞或滑頭，因此他決定來整頓一下公司的人事問題。你知道這類滑頭難搞的員工在面相上有何特徵？而當老闆的你又該如何帶領呢？

1. **兩眼之間高**：自尊心強、有主見，但是挫折忍耐力較低，所以常會揮揮衣袖就走人了。

【應對之道】不要當場給他難堪，要話中有話，明著為他好，暗地要他改進。

2. **嘴巴大而無收**：比較會油嘴滑舌，說的永遠比做的多，通常會讓老闆在前二十九天高興，結帳日那天痛苦。

【應對之道】指派他為工作或專案負責人，提高他的工作量與責任心，另外，老闆應該要對這種人所說的話打點折扣，實際去審查員工的工作績效，才不會一直沉醉在虛華的績效裡。

3. 嘴巴很大、眼睛又大又圓：這種人很會察言觀色，老闆前腳走他後腳也跟著溜了，而老
闆在的時候，他做起事情就特別賣力。

【應對之道】當老闆的你應該時時刻刻把他帶在身邊，不僅他的工作績效會提昇，也能
減少他打混摸魚的時間。

4. 臉很大、五官也很明顯的比較大：這種人膽子比較大，也比較會想爭權，老是想著如何
鞏固自己的地位。

【應對之道】對於這種員工，可以給他一個專案去負責，讓他專心在公事上打拚。

Q5 暗地裡爭權奪利的面相？

最近公司一直有倒閉的傳聞，搞得大家人心惶惶，當然公司的業績也受到嚴重
的波及，其實這都是小緯放出的假消息，目的只為了打擊他的上司，進而獲得
升遷的機會。你知道這種會暗地裡爭權奪利的人面相上有什麼特徵嗎？

A

1. 嘴巴小：人前不敢講，所以會
在暗地裡想辦法，或者利用別
人替他爭權奪利。
2. 暴牙、齒列不整：城府較深，
比較會在暗地裡來陰的。
3. 鼻樑如刀背、鼻子的中段凸
出：表面上大而化之，實際上每
一步都是經過設計的，這種人其
實很有智慧，只是得到錢財也守不
住。

4. 腮骨尖露、腦後見腮：會利用惡意的攻擊來爭權奪利，例如：抹黑、中傷、發黑函等，會為達目的不擇手段。

【應對之道】若是非得與這樣的人合作時，不妨多給予光明面的表現機會，在公開會議上，由他來發表意見，多傾聽他的需求，網羅這樣的人，有時他的深謀遠慮反而對公司有助益。

Q6 容易在事業上一步登天的面相

小趙最近人氣紅不讓，剛進公司沒多久職位就三級跳，一方面是他本身能力很好，另一方面就是他很會做人，人緣相當好，因此才能迅速地贏得上司與同事的信任。到底哪種面相的人容易在事業上一步登天，而他們又有哪方面的優勢？

A

1. 眉毛濃：這種人和同儕的感情比較好，所以通常是靠同輩的力量成功。

2. 額頭高：這種人長輩的助力比較強，可以獲得長輩提攜。

3. 顴骨高：多參與一些公益活動，就能靠人際關係的力量步步高升。

【改善方法】容易一步登天的人，除了以上的面相之外，機緣與實力也是很重要的，另外，注重儀容打扮與保持整潔乾淨，也是加強穩定事業運的重要因素。

Q7 壞老闆的面相

阿毅是個充滿幹勁的青年，每天都拚了命的在處理老闆臨時交辦的工作，然而在時間有限的情況下，當然免不了會耽誤到自己原本的工作，所以儘管他很用心投入，但得到的卻總是老闆嚴厲的指責，這類型「又要馬兒好，又要馬兒不吃草」的老闆，在面相上有何特徵？

A

1. 兩眉之間狹窄： 兩眉之間有兩條紋像國字「八」一樣或一條直紋的老闆，常會自己陷入一個苦思的情境中，而且也會把這種壓力加諸在員工身上。

【應對之道】要學會調適工作心情，建立良好的紓壓管道，試著使自己的充沛活力感染老闆，並表現敬業的態度使老闆寬心，這樣才能平衡心情，坦然接受老闆的要求。

2. 眉眼之間狹窄： 這種老闆個性比較急，做事很沒規劃，往往才剛交辦的任務，馬上就要你完成，讓人不知所措，使人造成滿大的壓力。

【應對之道】別一股腦的照單全收，先做規劃，多收集相關資料與數據的分析，能力不足或時間不允許的部分要提出來，與老闆直接溝通協調，有利於拉近彼此的工作步調。

3. 嘴角下垂： 這種老闆比較會要求員工，而且講話比較難聽，若再加上嘴唇薄則講話就會比較尖酸刻薄。

【應對之道】如果你是一個自律甚嚴的人，遇到這類型的老闆，建議你左耳進、右耳出，不要把尖酸刻薄的話放在心上。

從面相改善婚姻家庭

Q1 你家也有惡婆婆嗎？

結婚後阿美一肚子的苦水無處可講，婆婆每天不停的叨唸，已經讓她呈現崩潰狀態，似乎阿美怎麼做都不得婆婆疼愛，也直接影響夫妻之間的感情，讓她十分困擾！到底該如何改善婆媳之間的問題呢？

A

1. **眼睛小**：這類型的婆婆記性很好、精明幹練，非常講求話語的真實性。
   【應對之道】不能說謊話，若要讚美也一定要是由衷的，不能是假的，否則一定會被揭穿。

2. **嘴角下垂**：這類型的婆婆好挑剔、喜歡聽好聽話，不喜歡聽到違逆的話。
   【應對之道】多讚美她、贊同她，並常站在她的立場將心比心。

3. **顴骨橫張**：這類型的婆婆喜歡做主、掌權，愛面子，虛榮心重；但妳對她一分好，她會還妳十分的好，所以付出的代價，永遠是值得的。
   【應對之道】多說好話，讓她做主；若有反對意見，也要先認同她的好，再委婉勸告。

Q2 哪種老婆最難養？

阿明有事沒事就會惹得老婆不開心，有時獨自在打電腦或看電視，都會無故捲入暴風圈，所以他深深感覺到「女人心海底針」啊！其實再難養的老婆都有她的罩門，了解了之後，夫妻的感情就會愈來愈好。

1. **大眼睛、雙眼皮、眼睫毛很翹**：這種老婆對物質生活要求不多，但是精神生活絕對要滿足，所以會讓另一半覺得很難照顧。而且美麗的她常會讓路過的男人多看她一眼，因此會使身邊的男人倍感威脅，沒有安全感。
   【應對之道】這類型的老婆最難抗拒老公的甜言蜜語和溫馨接送情，所以常常關心、體貼她，她就會很滿足了。

2. **兩眼之間細高**：這種老婆很重視精神層面的享受，會要求另一半對她呵護備至，最重要的是還要很尊重她的隱私。
   【應對之道】與她相處溝通是很重要的，常常聽她說話，並尊重她的意見，偶爾不妨給她一些空閒、時間讓她去安排，讓她擁有自己的社交空間，將會獲得她由衷的感激與愛意。

3. **下巴很尖**：這種老婆沒有安全感，特別害怕空虛寂寞，更怕一個人在家，所以像這種老婆很難搞的原因是因為她很黏人，而且做什麼事都要有人陪。
   【應對之道】可以讓她早點生小孩，或送她一隻可愛的寵物，讓她感覺有伴，她就會覺得比較不寂寞。

Q3 專搞婚外情的花心男

阿霞的老公威仔從婚前就喜歡拈花惹草，是出了名的花心大少，婚後威仔仍不改作風，花邊八卦仍然不斷，阿霞也只好耐心等待老公總有一天會收心，但是最近他竟然對她的好朋友搞起曖昧關係，讓她忍無可忍，決定離婚。哪種面相的男人愛搞婚外情，而且連老婆的好朋友都不放過呢？

A

1. **眉毛**：很明顯的一高一低。
2. **眼睛**：一大一小，而且很明顯右眼比較大、左眼比較小。
3. **鼻子**：鼻樑歪，而且鼻孔一邊大一邊小。
4. **法令紋**：一邊有一邊沒有，而且笑起來嘴巴歪歪的。

【應對之道】遇上花心男，不要想著他能「浪子回頭金不換」，也別試著去改變他，先問自己是否能接受這樣的事實，若愛他就包容他，並且與他相處應該以「欲擒故縱」來取代「緊迫盯人」，讓他主動來關心你，你們的關係會更好。

Q4 在婚姻上坎坎坷坷的面相

感情路上小貞老是遇不到好男人，對於感情她總是懷抱著美好的憧憬，但往往都不能如願，不是男友被搶，就是無意間成為別人的第三者，難道就不能好好的愛一場，與一個人真心真意過一生嗎？對於小貞而言，似乎很難。這種在婚姻路上坎坎坷坷的面相，有什麼特徵呢？

A

1. **額頭低**：額頭比較低、髮際比較低的人比較認命，很難理智的去改變現況，愛上了就如同飛蛾撲火一般，無怨無悔。

2. **眉尾與眼尾凹陷且窄**：太陽穴的地方很窄，即夫妻宮很窄，容易與另一半有溝通障礙，在感情上很容易跌跌撞撞。

3. **人中短**：若以上的兩個條件，再加上人中又很短的話，這種面相的人很難嫁到好的對象。

   【應對之道】在擇偶的條件跟標準上，要適度的降低，通常太帥或太有錢的老公難照顧，不妨選擇一個包容心大的男人來依靠。若老是遇人不淑，不妨藉由親友長輩介紹認識，有人幫你把關，保障就多一層。

Q5 不同臉型的女人婚後的持家之道

婷婷從小就養尊處優，對理財的事情實在不在行，因此婚後理財的事情交到她手上，卻被理得一團糟，讓她十分頭痛，好幾次因為錢的事跟先生鬧得不愉快，怎樣的持家方法才是對婷婷比較有利的呢？跟面相有絕對的關係嗎？而不同臉型的女人婚後該如何持家，才能讓荷包迅速增加？

A

1. **鵝蛋臉**：若本身是屬於鵝蛋臉的人，只要好好的巴結另一半，讓另一半很舒服、很開心，那就會很有錢！

【改善方法】善用甜言蜜語，反正甜死人不償命，讓老公回家很想看見老婆，就可以從老公身上得到很多的好處，比起出去外面賺還快。

2. **瓜子臉**：所謂瓜子臉，即雞蛋臉，比鵝蛋臉細長，容易獲得兼職、賺外快的機會，所以靠兼差來增加財富最快。

【改善方法】增加你的專業水準，會因此而獲得更多兼職、賺外快的機會，也可以得到更多的新知，一舉兩得。

3. **圓形臉**：臉形比較圓、下巴比較短的人，易有出人頭地的小孩。

【改善方法】把生活重心放在教育子女上，子女將來出人頭給你的回饋，會比自己賺得還多。

4. **三角形臉**：運勢稍微比較差一點，建議你對財富的要求不要太高。

【改善方法】最重要是有穩定的工作，不要一直換工作或閒閒在家裡，或沈迷於風險高的投資，才能穩住財運。

5. **方形臉**：方形臉的腮幫子比較寬大，表示地閣好，將來會有不少房地產，晚年可享福。

【改善方法】增加財富的重心可放在置產、買土地。

Q6 可以和別人共享老公的面相

小姿的老公在外頭另有新歡,為了小孩,她一再忍氣吞聲,甚至對方還常找上門來擾亂她的生活,在喚不回丈夫的心之下,她做了無奈的妥協,只要丈夫能盡到照顧母子的責任,她願意與對方共享一個先生。這種能容忍與別人共享先生的女人,在面相有什麼特徵?

A

1. **額頭低**:額頭比較低一點的女人,比較認命,比較宿命論,覺得自己的命就應該這樣;而額頭高的人,只想創造自己的命運,不向命運低頭。所以大部分會願意與別人共享老公的人,通常是額頭比較低的人,這也代表她的知識開發比較晚。

   【改善方法】額頭低的人應提昇精神生活,多讀書、多看雜誌,並且培養一技之長,轉移生活重心,活出自我,也比較不會跟社會脫節,而淪落為感情的俘虜。

2. **臉型細長**:沒有顴骨與腮骨的女人比較不會想去爭,因為她有真愛就行了,甚至名份、地位、財產都願意退讓,活在愛情夢幻裡面。但從現實面而言,顴骨高的女人其實也會為了孩子的將來、財產的保障、自己的名份等目的而委屈求全,她不在乎表面上敗給另一個女人,因為私底下她還是贏了,所以只要不離婚,至少名份永遠沒人能來佔。

   【改善方法】這樣的女人常被愛情沖昏了頭,往往只有在幻想破滅時才懂得放手,建議這類型的人不要一直委屈求全,應該多為自己著想,必須一直保有自己的交際生活圈,否則最後往往人財兩失。

3. **兩眼之間低**:願意與別人共享老公的女人兩眼之間不能太高。因為兩眼之間高的女孩子不願意與人共享,也無法容忍她的老公再去愛另外一個女人,因此就算她是以第三者的姿態介入別人的感情,她也要搶到贏為止。

   【改善方法】兩眼之間低的女人較沒自信,不妨把問題、困擾丟給對方,不要自尋煩惱,其實該是你的緣份是跑不掉的,讓自己活得自我些會來得實際。兩眼之間高的女人通常有自信,活得精彩,因此值不值得為了一個男人揹上第三者的壞名聲?若是不值得,就趕緊再去找一個值得依賴的好男人。

從面相洞悉金錢觀

Q1 遇到中年危機怎麼辦？

阿泰原本是一個意氣風發的大企業老闆，他每天處理的生意都是幾千萬起跳，賺錢像是呼吸一般毫不費力，但是因為突如其來的金融風暴，錢一時間週轉不過來，而宣告破產。這種容易有中年危機的面相的人，要從哪裡辨別呢？

A

1. **眉毛中斷**：三十歲到三十四歲是走眉毛的運勢，所以說若眉毛有中斷的情況，或者有眉頭但沒眉尾、過短、雜毛叢生且後面分兩岔，都比較容易有中年失業的危機。
   【改善方法】眉毛若有雜毛的部分一定要剃掉，若是過短或是中斷，就用眉筆把它補一下，把眉毛順一順，就能改善運氣。

2. **兩眼之間有紋路**：有一條很深的橫紋，是代表四十歲的危機；兩條橫紋代表四十歲到四十一歲；有三條橫紋代表四十一歲到四十三歲，除了在事業上的危機之外，也很有可能發生一些意外的事件，比如：大破財、大破產。
   【改善方法】遇到煩悶的事情，不要習慣性皺眉，而且多用乳液按摩印堂的部分，就能減少破財機會。

3. **鼻子長痘痘**：若最近鼻頭開始大量長青春痘或爛瘡，就要特別小心，有被裁員失業的危機。
   【改善方法】平常要多注意臉部的清潔，並注意鼻子的保養與鼻毛的修剪，因為鼻子就是財庫，所以若是不注重鼻子的清潔保養，對財運可就有很大的影響了。

Q2 爭奪家產撕破臉的面相

福伯死後，三個子女在他還未入殮時，爭著要分家產，三個兄弟姐妹吵得不可開交，根本半點親情也不顧，每個人都爭相說自己對這個家的貢獻及應得的報酬，根本沒有想到要讓死者清靜一下。這種會爭家產的人，面相又是如何的呢？

A

1. 嘴大無收：平常沒有在講話的時候，就感覺嘴巴是鬆鬆、闊闊的樣子。

【**改善方法**】平時多做一些臉部的運動，如常常練習ㄚ、ㄧ、ㄨ、ㄟ、ㄛ，可以幫助嘴巴的收斂喔！

2. 兩眉之間超寬：兩眉之間超寬的人比較沒有責任感，不會想要養家活口，比較容易想要不勞而獲。

【應對之道】遇到這樣的人，不要把期望放在他身上，要自力救濟，才不會陷入痛苦的深淵中。

3. 顴骨高、臉大：這樣的人比較大膽，而且也會積極的想法子去要錢，他會覺得家產本來就是我的，爭得理所當然。

【應對之道】遇到這樣的人，事前就要先預防，把所有事情都攤開來說明白，而且遺產分配列得清清楚楚，才能避免事後因爭奪家產而傷感情。

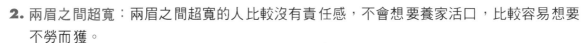

Q3 小氣財神找上門

小郭不管是對朋友或是情人，都是小氣不肯多花一毛錢，平時不是白吃情人的，就是貪朋友的便宜，讓身邊的人反感不已。小氣財神的面相又是如何呢？

1. 鼻子小且尖、嘴巴小：這種人大多吝於花自己的錢。

【應對之道】面對這樣的人，就要把原則講清楚，不要因為不好意思拒絕，就讓對方佔盡便宜，所以說好各付各的才是最好的方法。

2. 眉與眼之間窄：眉與眼之間愈窄的人愈像鐵公雞，但是這種人容易存小錢，然後在不該花的時候花大錢。

【應對之道】對於這類型的人，可以趁他升遷或是搬新家時，要求他大請一頓，因為要他常常請客是不可能，只能夠以一個他無法拒絕的名義，讓他回饋一下。

Q4 欠錢不還，啥道理？

老王跟好友借了五萬，一直遲遲不肯歸還，好友三催四討的，他就只會哭窮，但卻不時看見他有錢替自己增添新行頭。這種欠錢不還的人面相是如何呢？

A

1. 鼻孔特別的小： 當你借錢給這種人的時候，自己心裡就要有最壞的打算，因為他就算很有錢也不還給你，若是再加上顴骨又高，這種人會覺得不還你錢是理所當然的事。

【應對之道】吃過一次虧，就不要再心軟，千萬不要同情這樣的人，想借錢時低聲下氣的哭窮，要他還錢卻比登天還難！

2. 眼露凶光： 眼露凶光就是眉毛和眼睛的距離很近，然後眼神非常凶狠，這種人惱羞成怒時會拿刀砍人。

3. 反耳背： 耳的輪廓整個往外翻，耳骨外翻的人，你跟他討債不成，可能他還會拿刀追你。

【應對之道】遇到這種惡霸，最好自認倒楣，千萬不可跟對方硬碰硬，否則會讓雙方都受到傷害，一定要睜大眼看清楚，別借錢給這類型的人！

Q5 有借無還的負心漢

已經分手好幾次的阿慧與阿平，因為金錢上牽扯不清，所以老是斷得不乾不淨，阿平老是在沒錢時就來找阿慧要錢，雖然兩人已不是男女朋友，但看在過去有段情的份上，阿慧總是心軟的不斷借錢給他，而阿平卻從沒還過一毛錢。哪種面相的男人認為跟女人調頭寸是天經地義，而且有去無回？

A

1. **耳背反骨**：這種人只會還情義，而不是還錢。若加上鼻子細細高高的，耳朵又薄，沒有耳垂，那麼借錢給這種人，只會像肉包子打狗那樣有去無回。
   【應對之道】除非你根本不在意這筆錢，而且也不期望對方會還錢給你，不然就不要與這種人有借貸的關係，以避免糾紛。另外，非得借錢時，在金錢上應該就事論事，寫借據、找證人，來保障自己的權益。

2. **鼻樑如刀背**：尖到甚至有骨頭露出來，錢借他，他也沒有能力還給你，所以借錢給這類型的人滿危險的。
   【應對之道】遇到這類型的人向你借錢，你就要表現出比他更沒錢的樣子，讓他知難而退，又不會傷了感情。

Q6 容易替人家背債的面相

阿華在家中排行第二，自從父母往生之後，兄弟們就各自分家、各自生活，沒想到有一天，當會頭的大哥突然倒會捲款而逃，眾人向阿華要錢，他雖然無奈卻也義無反顧的替大哥背起那個爛攤子。這種容易替人家背債的面相，有怎樣的特徵呢？

A

1. **眉毛凌亂、不苟言笑**：不苟言笑的人，又出現兩條法令紋，這種面相容易讓好運流出去，壞運來報到。

【**改善方法**】只要常笑，你的嘴就會像元寶一樣接起來，把錢都收進來，這樣就可改善壞運。出門前，用小刷子順順眉毛，不但美觀，久了眉毛也會長得比較順。

2. **法令紋深**：法令紋深的人特別有責任感，很刻苦耐勞，別人的苦也當成是自己的苦，還會把吃苦當成吃補。

【**改善方法**】平常多按摩法令紋周圍，並常開口笑，不要任何事都想扛下來，盡可能在自己能力可及的範圍內去幫助別人，才不會被壓得喘不過氣來，心寬了，就能改善面相。

3. **體相、面相骨比肉多**：分別去看全身每一部分，只要有四個地方以上比較骨感，就容易替人背債，例如：臉部感覺骨比肉多或脖子很瘦等。

【**改善方法**】不要刻意保持過瘦的體態，過瘦、弱不禁風的樣子，其實這不是一種好體相，該有肉的地方還有要有點肉，否則會影響運勢。露骨的地方可以用服飾加以掩飾，而且身體骨感的地方平常可多做按摩，對運勢都有好的幫助。

Q7 遇上佔了便宜還賣乖的人，怎麼辦？

阿許不時愛跟朋友借點小零錢來買飲料或是小零食，並不是他身上沒有半毛錢，而是他不願意把身上的大鈔找開，而通常沒人會計較要他歸還小零錢，所以佔佔朋友的小便宜他也開心。這種老愛貪小便宜的個性，又有怎樣的面相？

A

1. **鼻子比較細比較小**：這樣的人基本上氣量就比較狹窄，真正做大事業的人，不會去貪這種小便宜；若再加上嘴巴小，就特別喜歡貪小便宜。

【應對之道】遇到這樣的人，就要用同樣的方法對付他，他今天A你五十元，你明天就想辦法跟他借五十元，剛好抵消，誰也不欠；久了他就不會佔你的便宜了。

2. **小鼻子、小眼睛、嘴巴又很大**：這類型的人真是貪得無厭了，因為嘴巴大可以容納很多東西進去。

找不開
先借50元

【應對之道】跟這種人交往，不要因為他嘴上的好聽話就暈頭轉向，因為他可能看上你有利用的價值而說好話；當牽扯到利益之事，不妨先找親友陪你一起應對，才能避免被佔大便宜！

Q8 小心揹了一屁股的債！

小范跟三個好朋友合股做生意，每個人都拿出一筆錢投資，因為其他三個人另有工作，所以投資事業大部分都是小范在打理，一陣子之後，其他三人竟接到公司惡性倒閉的消息，而小范也不知去向。這種會讓別人幫你揹債的面相，有什麼樣的特徵呢？

A

1. **眼睛有三白眼**：若是下三白眼是比較癡呆的，他害人家並不是故意的，只是沒有投資眼光和頭腦。

   【**改善方法**】這類型的人，若真的想要投資就要請專業人士幫忙分析，才不會自以為是，把別人的錢都給賠光了。

2. **額頭低、兩眼之間低**：這種人是因為心腸太好，會去幫別人負擔債務，但背到最後自己也沒辦法了，只好讓家人替他背債。

   【**改善方法**】不要為人作保，凡事要量力而為，否則不僅是拖垮了自己，也拖累家人，不要因為心軟或是講義氣，就隨隨便便答應別人，記住：「對別人心軟就是對自己殘忍。」

3. **太陽穴凹陷**：太陽穴特別凹陷的人容易被別人連累，不然就是容易受另一半拖累。

   【**改善方法**】財物上的管理應該要再小心謹慎一點，而且錢還是自己管，別完全相信另一半的理財能力，應該讓自己有基本保障。也不要太有義氣，去幫別人作保或背書，否則容易遇到破財的衰事。另外，平常多按摩太陽穴，亦可改善面相，趨吉避凶。

積德最簡單的方法便是積口
德，多說好話多鼓勵別人給人
希望，就是無上的道德。

～雨揚

PART 2

臉部開運大改造

面相學上記載：
「臉上雜毛叢生、毛孔粗大的人，脾氣暴躁、容易想不開。」
臉部氣色的好壞可是會影響你的運氣喔！
氣色明亮的人，給人神采奕奕的感覺，
自己做起事來也會充滿信心；
氣色不佳的人，看起來沒有朝氣，做起事也往往無精打采。
這個單元將要告訴你如何藉由「外在修飾」與「內在調理」，
來達到改變面相、提昇運氣的目的！

功名愛情財運一把抓

——開運彩妝DIY

面相學所著重的就是面部，一個人臉部氣色好壞，其實都會間接影響到你的運氣，氣色明亮的人，給人神采奕奕的感覺，自己做起事來也會充滿信心；反之，氣色不佳的人，看起來沒有朝氣，做起事也往往無精打采。

但是有時候因為過於忙碌或疲憊，實在難以讓氣色隨時保持在紅潤粉嫩的最佳狀態，這時候，適度的利用彩妝修飾臉部，可以將不佳的氣色徹底補足，亦能轉換心情，調整原來不好的磁場，進而改善你的運氣。

臉部的各部位在面相學中各有其代表的涵義，針對不同部位做彩妝修飾，就可以達到不同的開運效果喔！

眉

「畫眉之樂」是用來形容夫妻恩愛，而在面相中，眉毛亦有主「媚」之意，象徵著感情；因此定期的修飾眉型，並時常以棕色系眉筆輕輕畫眉，將能替你帶來甜美的愛情！

眼

一個人的眼睛無神，會給人消極被動的感覺，而眉眼間的距離太窄，則讓人覺得其器量狹小、想不開。但是只要能利用眼影略作修飾，就可讓眼睛更加有神，而且淺色眼影也可以加寬眉眼距離，給人大方明亮的感覺。此外，不一樣的眼影顏色也象徵著不同的開運意涵。

1. 綠色：可加強事業運，讓工作更順心。
2. 紫色：看起來更明豔動人，愛情甜蜜蜜。
3. 水藍色：有助家運順遂，氣氛和諧。
4. 黃金橘：可帶來財運，讓你偏財運更旺。
5. 咖啡色：適合求職面試時使用，能替幸運指數加分。

鼻

　　古人說：「鼻樑挺直而均衡的鼻子，必定財運亨通。」由此可見一個好的鼻相，可以招來不錯的財運。但你若沒有一個直挺的鼻子也沒關係，只要選擇有光澤的粉底或蜜粉做彩妝修飾，就可以增加鼻子的立體感和光亮度，間接的也能達到招財的效果。

口

　　一個人若唇色不佳，色澤暗沈，會影響事業；若乾燥脫皮，則桃花人緣缺缺。因此若想在工作職場上有更出色的表現，棕色、豆沙色系的口紅是最好的選擇；若想要加強桃花人氣指數，或是讓愛情更順遂，粉色系、桃紅色系則可以幫你加強愛情好運！

（圖片提供／碧雅詩公司）65

我的財運哪裡來？
——亮麗肌膚開運術

東方人的皮膚最怕的就是蠟黃黯沈，若再加上開始老化及黑色素的沈澱，那就是女人最大的夢魘。以面相學的角度來看，肌膚若能呈現自然光澤、容光煥發，對整體運勢會有很不錯的提昇作用，反之，若臉部氣血不佳、黯淡無光則會影響到運勢。

如果想要一舉兼得美麗與開運，那麼你必須定期的使用面膜敷臉，並隨時幫臉部保濕，唯有徹底改善肌膚乾燥缺水的問題，才能讓皮膚更加水嫩動人。此外，「水」在五行之中，也代表著招財的意義，所以俗語說：「遇水則發」，就是因為水能帶財的道理。

1. 面膜：通常視個人膚質而定，一週使用面膜敷臉1～2次。敷臉之前請先將臉洗淨，以去除不好的晦氣，之後再進行敷臉的動作，等到面膜有點乾時取下，然後用清水洗淨，再做一些基礎保養，如此持之以恆，不但氣色會愈來愈自然健康，運勢也能慢慢轉換。

2. 保濕產品：除了早晚固定使用外，最好能隨時隨地幫臉部肌膚進行保濕工作，肌膚愈水嫩，人氣與運勢也會愈來愈好！

除去惡運有一招——跟皺紋說拜拜

人的年紀一到，最害怕發現臉部有不該出現的細紋，更別說是皺紋了，而且你知道嗎？皺紋除了會讓人顯得有些老態之外，就面相學而言，在不該長皺紋的地方長了皺紋，可是會大大影響你的運勢！例如：額頭多紋線，則年少時比較辛勞、運氣較差；眉心有皺紋代表事業阻礙多、煩惱也多；鼻子上有皺紋，則代表容易破財。

總之，不好的紋路的確會影響到一個人的運勢，所以若不想讓細紋、皺紋成為你運勢上的絆腳石，那麼最好可以常常使用面霜來按摩自己的臉部，因為按摩將有助於撫平肌膚的細紋，並預防皺紋產生，一旦不好的紋線拜拜了，好運自然就上門囉！

使用方法

1. 每天早晚洗臉後，取適量的面霜於掌心，然後用雙手指尖輕推按摩全臉。
2. 在有細紋、皺紋之處，來回多按摩幾次，藉由血液循環，讓臉部氣血活絡，能使你的氣色更好。
3. 在眼圈部位有皺紋的人，也要記得擦一點眼霜來按摩保養，會讓你看起來更有精神。

招桃花、防小人
——「挽臉」美容開運法

　　面相學上記載：「臉上雜毛叢生、毛孔粗大的人，脾氣暴躁、容易想不開。」因此常有揮之不去的惡運纏身，所以除了平時多加修剪外，你還可以運用一個很棒的美容開運法——「挽臉」，來替你拔除臉上多餘的雜毛，細緻臉部粗大的毛孔。而當你臉上的雜毛都清乾淨了，毛孔也細緻緊實了，那麼你也就能夠徹底告別壞運氣囉！

　　最近諸事不順嗎？想找個方法討吉利嗎？試試看挽臉開運法吧！

注意事項

去挽臉的時候，有幾點要別注意，否則腫了個大餅臉回來，那可就破壞了開運的意義了。

1. 有青春痘或敏感性膚質者不要輕易嘗試，因為挽臉是利用線在皮膚上的滑動與夾的動作將皮膚上的細毛拔除，所以臉部肌膚太過脆弱的人，並不適合這種美容開運法。

2. 在操作的過程中要特別留意衛生條件。在被挽臉之前，一定要先要求業者消毒工具，因為沒消毒的工具不但不衛生，而且還非常容易引起臉部的發炎紅腫。

3. 挽臉後其實很適合再做一些簡單的基礎保養，能快速的為肌膚補充養分，所以建議回家後的隔天開始連敷五天面膜，這樣更能使你容光煥發，擁有幸運的好氣色！

貴人旺旺來！
——修整臉型，重塑好運勢

　　許多人因為自己的臉型有些歪斜不對稱，或鼻子又塌又小，而變得毫無自信，其實就面相學來說，臉型不對稱容易導致個性偏差，對事物的看法比較極端；而鼻子又塌又小，在財運方面也有相當的阻礙，無法順利聚財進財。所以不管是因為美觀，或是想提昇運勢，你都不能輕忽這個問題，這裡告訴你一個風行已久的小秘招——臉部整骨，可以幫你解決這些煩惱！

1. 臉部歪斜不對稱、顴骨縮小的矯正，能幫助你改善長期咬合不正確而導致的臉部歪斜症狀，在個性上也會慢慢的變得比較開朗，對事情保持中庸的態度。

2. 如果你覺得自己的鼻子又塌又小，可以用DIY的方式修補自己的財運，只要一手按住額頭，另一手把鼻翼往下拉提，連續7秒後，再用兩食指的指腹搓熱鼻翼，最後用兩中指的指尖按住兩鼻翼間，盡量往內側集中。這樣長期有毅力的做下去，你會發現自己的鼻子悄悄的挺起來，財運也跟著旺囉！

健康、養生招好運——輕鬆喝好茶

　　研究面相與養生學多年，一個人健康與否、運勢好壞，看氣色馬上就可見分曉了，一般而言不好的氣色分為：青、赤、黃、白、黑，而這五種氣色也代表五種病症，針對這幾種使人運勢不順暢、身體不健康的氣色，推薦以「喝茶養生法」來達到調養身體、改善氣色、提昇運勢的目的。

　　針對需求不同，選用不同的茶才能獲得最佳的開運功效：

1.招財開運茶　檸檬＋優格

「鼻子、鼻翼兩端出現紅色的絲」代表財庫有破洞，會一直漏財，因此推薦以「檸檬和優格」為主調的招財開運茶，此茶蘊含招財能量，能凝聚你體內的財運磁場，讓你精氣神十足，好運、財運跟著來。

2.桃花人緣茶　玫瑰花＋迷迭香

「臉色黃白」代表人緣不佳，也容易有意外血光，因此推薦以「玫瑰花、迷迭香」為主調的桃花人緣茶，此茶可以調養氣色，讓臉部呈現健康的紅潤，使你洋溢迷人光彩，改善你乏人問津的人氣！

3.窈窕美麗開運茶　覆盆子＋檸檬草

「臉色泛黃」代表身體發出警訊，容易疲倦、皮膚黯淡無光，因此推薦以「覆盆子、檸檬草」為主調的窈窕美麗茶，此茶可幫助你窈窕身材，美麗肌膚，讓你輕鬆擁有健康活力與源源不絕的好運氣！

4. 快樂開運茶　Honeybush

「臉色發青」就是木能量沒有調和好，所以沒有快樂的元素，因此推薦以南非野生植物茶「Honeybush」為主調的快樂開運茶，此茶可轉化悲傷情緒，加強樂觀積極的磁場，讓你歡喜存心，好運自然跟著來！

旺夫益子的良方
——選對音樂，聽出好氣質

現代人工作忙碌，不管做什麼事情都是趕趕趕，根本就沒有多餘的時間可以好好放鬆一下。想要安排假期去渡假，需要規劃；想要上健身房或是做SPA又擔心花費太兒。那麼，何不選擇簡單一點的方式呢？「聽音樂」不僅能達到放鬆身心的功效，還能幫你培養一身好氣質！

好的音樂可以陶冶一個人的性情；俗話說：「學音樂的孩子不會變壞。」長期處在悠揚的樂聲中，面相會變得和善，舉止也會優雅穩重一些；但若在緊張時刻還放些快節奏的舞曲或電子音樂，則會使人心情浮動、焦躁難安，所以在什麼樣的時候選擇什麼樣的音樂，就要看當下個人的需求了。

聽音樂使人快樂、放鬆，沒有過度累積壓力，人的運勢才會逐步往上攀升，快為自己選擇適合的好音樂吧！

營造幸運的家庭運——創意過生活

在燈光美、氣氛佳的咖啡廳裡喝一杯咖啡通常要價不菲，而且還常常人滿為患，你如果喜歡享受清靜與悠閒，不妨選一本自己喜愛的書籍，沖一杯咖啡，點上精油，再放點音樂，就算在家也可以享受咖啡廳的氣氛。

其實要掌握自己的運勢並不難，只要你每天都能夠精神奕奕、充滿自信，這樣不管做什麼事都容易成功；但若無法適時的釋放壓力，整天愁眉苦臉，那麼事情就難有所成。因此想為自己創造好運勢，可要多費一點心思，幫自己的居家環境營造一個開運的好磁場吧！當你每天都受到好磁場影響，那麼你的臉上自然會展現愉悅的神情，而且好運也會與你長相左右。

抽離困境的妙招——換個造型如魚得水

不曉得你有沒有發現，當你換了一個新髮型或上髮廊修剪頭髮之後，你會有一陣子運氣特別好，那是因為你頭頂上的磁場整個煥然一新了，當然運氣也會跟著好起來，所以當心情不佳、運氣不順時，建議你可以在頭頂上做些小改變，保證可以讓你的幸運指數回升喔！

1. 頭髮濃密的人

頭髮太多煩惱也多，因此建議常常修剪打薄，可以讓想法變得比較樂觀一些，心情開朗了，好運自然來報到。

2.頭髮稀疏的人

　　身體較不健康，做事情比較不積極，因此建議以具有層次感的髮型營造較多髮量的錯覺，此外還可以利用食補或藥補來改善髮量稀疏的問題。

1. **食補**：鮮魚、魚肝油、維他命E、杏仁、花椰菜、芝麻糊，對頭髮相當有益。
2. **藥補**：六味地黃丸和何首烏等，都是很適合的藥材。
3. **按摩**：多按摩頭皮、梳髮、刺激血液循環，也能促進頭髮生長。

3.頭髮較粗硬的人

　　個性比較剛強，脾氣也很急躁，因此建議要常常護髮，可以使髮質變得比較柔軟，脾氣也會變得比較溫和，以下提供三則小偏方，不妨試試看：

1. **茶水護髮**：洗完頭髮後，用茶水浸泡一下髮絲，然後以清水洗淨，可使頭髮烏黑柔軟、有光澤。
2. **啤酒護髮**：先將頭髮洗淨擦乾，然後將啤酒均勻地塗在頭髮上，10分鐘後再用清水洗淨，可以使頭髮光亮，防止頭髮乾燥分叉。
3. **檸檬汁護髮**：將蛋白加少許檸檬汁混合，塗在洗淨擦乾的頭髮上，半小時後用冷水洗乾淨，可以使頭髮有光澤，減少髮尾的分叉。

　　鬈髮熱情開朗、短髮活潑俏麗、直髮溫柔含蓄，所以不管什麼樣的髮型，只要是適合自己的，就算是擁有好的髮相，但是同一款髮型維持太久，運勢會持續低迷不振，建議換個新髮型，或者是燙個頭髮，都可以達到改運的效果喔！

愛情、事業如何兼顧？
——剪出時尚的完美髮型

　　什麼樣的面相配上什麼樣的髮型最完美呢？利用髮型修飾臉型，不但有令人意想不到的美麗效果，還兼具了改善人際關係，讓你煥然一新的開運效果。在這個以迅速聞名的世代裡，已經沒有人會聽你慢慢說了，所以如何在最短的時間內給人既專業又亮眼的第一印象，將是你能否脫穎而出的關鍵點！

　　你知道哪種髮型最適合你，且又能替你凝聚幸運磁場嗎？趕快來一探究竟吧！

1 圓形臉的人

　　圓形臉的人臉部線條較圓較短，雙頰與下顎都會比較豐盈，給人很可愛的感覺，親和力強，十分隨和，但卻少了專業、果斷的感覺，因此最適合短髮俐落的造型，可以添加專業形象；另外，也可以利用頭髮把圓臉修飾成橢圓形，這樣能增加柔美的感覺，有助於創造好磁場。例：于美人。

2 長形臉的人

　　臉部較長的人，作風強硬，因為臉型較長，給人強勢不易接近的感覺，所以應該以增加臉部寬度為設計髮型的重點。這類型的人，最適合有點波浪的中長髮，可以修飾臉部的稜角感，並加強臉部寬度，能中和視覺效果，給人親切感，提昇好人緣。例：莫文蔚、常盤貴子。

3 三角形臉的人

臉型上額寬、下巴尖的人，常患得患失，給人不夠穩重的感覺，可以將瀏海剪短，而且有點圓弧，頭頂要蓬鬆微捲，讓人把注意力都集中在上半部；另外，也可以將兩側鬢髮橫向拉開，使額角造成開闊的視覺，如此一來下顎的位置才不會有很尖銳的感覺，可以給人穩重的信賴感，並且還能增加貴人運，提昇好福氣。例：蕭淑慎、孫燕姿。

4 橢圓形臉的人

這是東方女性心目中最理想的臉型。一般而言，橢圓的臉型搭配任何髮型都好看，但是通常這種面相的帥哥美女，異性緣佳，易給另一半不安全感，所以若想呈現端莊賢淑之美，不妨選擇中分或左右均衡的髮型；而若喜歡飄逸的感覺，可以選擇披肩的長直髮，讓美麗中不帶危險，而流露婉約的氣質，對愛情運亦有極大的幫助。例：許慧欣、章小蕙、章子怡。

5 方形臉的人

方形臉的人個性獨特，易得人信賴，雖然比較有個性美，但是因為臉部線條感覺較剛硬，所以缺乏溫柔的感覺，有時會給人強勢凶悍的錯覺，因此建議這類型的人，頭頂的線條盡量保持蓬鬆，並維持過肩的長髮，這樣才能增加臉的長度；另外，也可以利用波浪髮型來增加臉部的柔和美感，可提昇人際關係。例：高怡平、潘越雲。

為工作運、考運加成
——善用眼鏡提昇運勢

　　人的心相由眼神中即可流露出來。所謂的吉相即是眼神穩定，安詳閑逸，且是有力的眼神。最怕就是眼神陰沈、眼神暴戾、眼神凶、眼神狐豔、茫茫然，這些都是不好的面相，當眼神不佳時，除了影響人際關係，也容易使運勢下降。而善用眼鏡的搭配，可以修飾臉部及改變五官造型，還可以讓眼神不露凶光，遮蔽暴戾之氣，增加柔和之氣，讓你好運上升。

臉型vs.鏡框

圓形臉

圓形臉的人親和力強，十分隨和，臉型線條較圓較短，卻少了專業、果斷的感覺，故適合細長形、方形或多角形的鏡框來修飾臉部的圓潤感，可提昇本身的氣勢。

橢圓形臉

橢圓形臉的臉型線條非常完美，故適合每一種造型的鏡框，但是特別推薦略大於臉部線條的水平式鏡框，更能展現大家風範，提昇領導力。

長形臉

臉部較長的人，給人強勢的感覺，不易接近，所以最好以醒目的粗框、有稜角或幾何形狀的鏡框，來強調眼部的裝飾，這樣可以轉移大家的視覺焦點，修飾過長的臉型，能中和視覺效果，給人親切感。

方形臉

臉部線條較方的人，給人穩重卻過於強悍的感覺，所以建議選擇細邊，而且稍長扁的方形框或長橢圓形框，可以將臉上的稜角修飾的較為柔和，給人隨和又不失專業的感覺，還可提昇人際方面的運氣。

三角形臉

臉型上額寬下巴尖的人，得失心重，常患得患失，給人不夠穩重的感覺，故建議配戴橢圓形或圓形的鏡框來修飾下巴的線條，給人信賴感，提昇運勢。另外，若臉型較小的人，應該避免選擇膠框、鏡框過長，或鏡架太高的眼鏡，否則易失美感。

如何用眼鏡修飾臉型？

　　面相講求中庸之道，平均而對稱的面相是最佳的面相，所以鼻型過大、過小或是過長，都可以藉由眼鏡來修飾哦！分析如下：

1. 鼻子較大：鼻子過大的人，自我意識強，給人自大的感受，可選擇較大的鏡框來平衡鼻子太過突出的感覺，亦可收斂自己外放的個性。

2. 鼻子較長：鼻子過長的人，固執不易變通，給人不易溝通的感覺，可選用邊框較高的鏡框，讓大家的注意力集中在向前或向上的鏡框上，而使鼻子長度不那麼明顯。

3. 鼻子較小：鼻子短小的人，容易自卑，做事畏縮，淡色及較高的鼻橋有拉長的視覺效果，所以會使鼻子看起來比較長，也可加強魄力。

79

左右逢源，我的人際關係一級棒！
──穿戴出好運來

　　「臉型」其實是面相觀察中另一個極為重要的部分，因為人的性格如何、福份多寡，往往可以很直接的從臉型上得到答案。一般而言，橢圓形臉的人天生好命，擁有令人稱羨的美麗特質；圓形臉的人溫柔親切，擁有較好的人際關係；方形臉的人性格剛毅，作風強勢，不夠圓融；長形臉的人沈穩內斂，知性有餘溫柔不足；而三角形臉的人缺乏安全感，依賴心太重，晚年運多半較差。

　　因此建議利用具有「揚長避短」效果的飾品，如：耳環、項鍊、胸針、髮夾、帽子等，來修飾臉型中太圓、偏長、過方、尖銳等不完美的地方；另外，還可以加強襯托橢圓形臉蛋的完美特質。如何運用飾品來改變你的氣質磁場，讓你的幸運指數持續攀升呢？針對不同的臉型，有一系列不同的建議，趕快動手搭配一下吧！

髮夾

圓形臉	橢圓形臉	長形臉	方形臉	三角形臉

不規則造型或長形的髮夾，可以增添年輕與活潑的氣息。	蝴蝶造型或任何樣式的髮夾，都可以讓橢圓形的臉變得更立體。	水果造型或橢圓形的髮夾，可以讓長形臉變得圓潤有福氣。	花朵造型或圓形的髮夾，可以讓剛毅的方形臉變得柔媚。	心形或任何不規則造型的髮夾，都可以讓三角形的臉變得更楚楚動人。

項鍊

圓形臉

佩戴長形的項鍊，而且利用項鍊的V字形效果，拉長臉部線條，襯托出雍容典雅的氣質。

橢圓形臉

佩戴中等長度的項鍊，利用項鍊在頸上形成的橢圓形狀，更能襯脫出本身臉部的優美輪廓，提昇魅力。

長形臉

佩戴具有「圓效果」且鍊子較短的項鍊，利用珍珠、寶石或各種串珠式的短鍊，來加寬臉部線條，能塑造出一種珠圓玉潤的獨特魅力。

方形臉

佩戴體積較小、長形且鍊子較長的項鍊，利用十字架或樹葉等長條造型，來拉長臉部線條，增添輪廓的柔和感，有利於促進良好人際關係。

三角形臉

佩戴鍊子不長且圓珠狀的寶石項鍊，能夠產生圓潤的視覺效果，增加下巴的份量，讓臉部線條看起來更有福氣。

耳環

圓形臉

為了修飾臉部過圓的視覺感受，最好採用長款式的耳墜來增加臉部長度。因此建議選擇垂珠式耳環、螺旋狀或不規則造型的長條形耳環，來讓豐腴的臉部線條變得秀美。

★避免佩戴圓形的耳環。

橢圓形臉

橢圓形臉擁有先天的優勢，因此所有樣式的耳環都很適合，只要注意佩戴的耳環大小就行了。

★避免佩戴長形或纖細的垂式耳環。

長形臉

為了修飾臉部過長的視覺感受，所以建議佩戴圓形或橫向設計的大耳環，能使臉部線條加寬而有豐滿動人的感覺。

★避免佩戴長形或纖細的垂式耳環。

方形臉

為修飾臉部過於方正的視覺感受，所以建議佩戴橢圓形或卵形的耳環，能使較為剛硬的臉部線條增加柔和的感覺。不過若是為了凸顯個人風格，也可以選擇造型誇張的大耳環來點綴，效果也相當不錯。

★避免過寬或稜角分明的耳環。

三角形臉

為修飾下巴過尖的視覺感受，所以建議選用環形、大鈕釦造型，或是下緣大於上緣的耳環，如水滴形、葫蘆形，來達到平衡下顎寬度，重塑臉部柔美線條的功效。

★避免佩戴菱形、心形、倒三角形的耳環。

胸針

圓形臉

端莊雅緻的造型，有助社交場合的人緣融洽，最適合圓形臉的人佩戴，有利於啟動好運。

橢圓形臉

神秘媚惑的色彩能量，柔美與俐落兼具的造型設計，有迷惑人心的力量，最適合橢圓形臉的人佩戴，能提昇富貴好運。

長形臉

甜美華麗的花冠造型，彷彿彩蝶翩翩起舞，最適合長形臉的人佩戴，有利於人際圓融，加強好運。

方形臉

盛開的紅玫瑰大方貴氣，復古風的設計，最適合方形臉的人佩戴，讓你成為大家注目的焦點，讓好運加成。

三角形臉

高雅大方，可聚集個人的幸運能量，還能產生視覺上的絕佳效果，最適合三角形臉的人佩戴，可以提昇貴氣，聚集好運。

帽子

圓形臉

高帽子及帽緣微捲的款式，都可以讓人將視線往上移，並且增添俏皮可愛的感覺。

橢圓形臉

俏麗的護士帽及不規則的花邊帽，都有襯托橢圓形臉的效果。

長形臉

具有誇張邊緣的波浪帽，能使視覺焦點做橫向的分散，而不讓帽子凸顯臉部的長度。

方形臉

俏麗的巫婆帽及不規則的花邊帽，能修飾方正的臉蛋，帶動人際關係。

三角形臉

簡單帥氣的鴨舌帽，可以修飾過於單薄的下顎，讓臉變得圓潤有福氣。

衣領

圓形臉

由於臉型比較圓，所以為了拉長臉型，穿Ｖ字領的衣服最適合。另外，若想穿圓領時，領口需大於臉型，這樣臉型才能顯得較小，不但增強了美感，且有助於提昇創造力、提昇運勢。

橢圓形臉

這是最完美的理想臉型，而且因為沒有什麼缺陷，所以不需加以掩飾，穿任何領子的衣服都很合適。

長形臉

由於臉型偏長，所以為了讓臉型較豐腴，穿船形領、方領、水平領的衣服都很適合，看起來大方得體，能提昇富貴指數。

方形臉

這種臉型通常稜角分明，所以建議穿Ｕ字領的衣服，可緩和這種臉型，提昇人際關係。另外，臉方而不大的人，很有個性美，可以強調個人的獨特風格。

三角形臉

由於這種臉型有上額寬大、下顎狹小的特徵，易有錢財留不住的現象，因此為了轉移視覺焦點，可以穿立領或Ｖ字領的衣服，臉型會較為柔和，而且還能增加財運。

愛人知人，愛身知己，一顆愛
心是衛生長壽的保證，是養生
保健的途徑。古今中外，先賢
後賢，所見一也。

　　　　　　　　～雨揚

PART 3

面相法寶一點通

所謂：「相由心生，運由心轉。」
面部的氣色是微妙多變的，
仔細觀察幾乎每天都會有一點點的不同。
了解自己的面相，可以調整心態並改善缺點；
了解他人的面相，可以事先做好因應的準備。
如何正確觀相並迅速掌握重點？
如何判斷大運與每年流年運勢？
面相將是助你立於不敗之地的法寶喔！

相學的故事

　　努力是人生的基本態度，但自己的潛力在哪裡？什麼時候是最有利的時機？這些似乎才是更重要的事。不過並非人人都是專業的命理師，所以八字、紫微斗數等需投入大量心思研究的命理方法，暫時還不在我欲推行普及的範圍之中，而鑒於「面相」的簡單易學，又能知己知彼的優點，所以我反倒非常推薦大家一起學習，以下是相學發展的整個脈落：

萌芽期　從人的形貌辨吉凶善惡

　　春秋時期是面相學的萌芽階段，《左傳·文公元年》有這樣的記載：「谷也豐下必有後於魯國。」（谷的下停豐厚將來一定有子孫可以繼承魯國）又例如《左傳·宣公四年》記載：「是子也熊虎之狀而豺狼之聲，必滅若敖氏矣。」（這個孩子有熊虎一般的體型、有豺狼一般的聲音，恐怕將來會使若敖氏的家族滅亡）另外，《史記·越王句踐世家》也有記載：「越王為人長頸鳥啄，可以共患難不可以共安樂。」由上三例可說明當時已經出現了「豐下」、「熊虎之狀」、「豺狼之聲」、「長頸鳥啄」這類面相學的專門用語，並且也開始有人以觀察人的容貌、型體以及聲音來推斷這個人一生的吉凶善惡。

　　戰國時期面相學有了更進一步的發展，例如《史記·秦始皇本紀》記載：「繚曰：秦王為人，蜂準、長目、摯鳥膺、豺聲，少恩而虎狼心。」（秦王為人，鼻頭蜂高，猛禽胸脯，豺狼聲音，缺少仁愛，而有虎狼之心）《史記·蔡澤傳》也有記載：「從唐舉相，舉熟視而笑曰：先生偈鼻戴肩，魋顏蹙頞……」這些記載裡提到的「蜂準」、「長目」、「摯鳥膺」、「豺聲」、「偈鼻戴肩」、「魋顏蹙頞」等詞句，都是面相學上的專有名詞，而尉繚和唐舉都是當時有名的相士，經常透過觀察人的相貌和聲音來判斷人的性格特點與命運。

勃發期　提昇相學論述的範圍與層次

　　秦末到漢朝，面相學的方法及理論逐漸趨於成熟，根據資料顯示，漢朝的相術已經受到了學術界的重視，而當時也已經出現了專門的相書，例如許負的《相法十六篇》、西漢淮南王劉安《淮南子》、東漢王充《論衡》和王符《潛夫論》，都有探討面相學方面的知識。而三國魏晉南北朝時期，面相學就更為普遍了，相士的影響範圍甚至到達國家的最高階層，這個時期面相學也進入了一個更高的層次，從單純的觀察人體形貌，發展到以形貌和氣色並重的局面，另外還出現了對於傷痕傷疤的論術。

　　隋唐也是面相學發展的重要階段，面相學的書籍數量繁多，理論體系也愈來愈完整了，在《隋書‧經藉志》裡面收錄有相書等十幾部，合計有一百二十七卷，在《新唐書‧藝文志》裡面也收錄有袁天綱的相書七卷，這些相書的內容很廣泛，談論到了鼻、眉、耳、口，額頭、身軀、手掌和掌紋等，將面相學的範圍擴展到身體的各個部位，也為後來的《麻衣相書》奠定了基礎。

鼎盛期　建立相學的完整體系與架構

　　宋元時期是我國面相學發展的鼎盛時期，傳統的相術已經變成有系統的理論，相書和相士也大量的出現，其中以麻衣道者和他所寫的《麻衣相法》最具代表性，根據資料記載，麻衣道者是宋初大相術家陳希夷的師父，麻衣是他的道號，而《麻衣相法》全書分為四卷──第一卷是部位圖、第二卷是局部圖、第三卷是相法、第四卷是論氣色，這本書可

說是集古代相書之大成，為相學建立了一套比較完整的體系與架構，也使相學更具有實用性的參考價值，在這一個時期裡相學家的地位也大大的提昇，例如像陳希夷等一些有名的相學家，他們就常常以謀士的身分，參與國家大事；而這時期的知識份子以及上層社會，對相學也表現出濃厚的興趣，例如北宋的史學家司馬光，在《資治通鑑》裡就保留了許多關於相學的史料記載。

成熟期　廣泛普及民間

　　而面相學發展到明清，出版的相書更是遠遠超過宋元時期，但是大部分都只是在原有的相書上增加解釋，而這時期的相書大都被收錄在《永樂大典》以及《四庫全書》裡面，其中最重要的一本是袁忠徹的《袁柳莊神相》，這本書涉及的範圍很廣，有關相學的內容

幾乎是無所不包，對於人體各部位，也都有專門的章節來論述，相學理論也比《麻衣相法》更為完備了，而這本書最特別的一個部分是：針對嬰兒以及女性的相法知識有專門的討論，這是以前相書上從沒有過的現象。

到了清代隨著相學的成熟和實用化，相學開始廣泛的流入民間，但在這個同時，相學的地位也開始走下坡，因為隨著相術在民間的普及，相學逐漸流為市井鄉里的末流小道，而相士的地位也大為降低，知識份子對相學大都抱持著鄙視的態度，雖然各種版本的相書仍然廣泛的繼續流傳著，但是這些書籍充其量只是對舊有的相書內容加以詮釋改編，或者是校訂而已，在理論和相法上並沒有特殊的表現。

知道了相學的整個脈絡，也了解相學其來有自，那麼我們怎麼忍心看著老祖宗的智慧一點一滴地失傳，因此如何讓這門博大精深的學問重新獲得重視與肯定？又如何使「面相學」繼續發揚與傳承，實在是我們必須擔負起的責任，而這當中其實也還有一個極大的研究空間，等待著我們繼續深入的鑽研與探討。

三分鐘快速看穿他的心
——觀相的要訣與步驟

　　據我多年的教學經驗，剛開始學習看相的人，總是對面相充滿好奇和興趣，而且只要一有機會就盯著別人猛瞧，也顧不得別人願不願意給你看相，就一廂情願的樂在其中，其實看相以前一定要先跟對方打聲招呼以示尊重，而且也要對方願意請你看相，你才可以進行所謂的「看相的步驟」，因為「敬人者，人恆敬之」，如果你表現出來的是一種高尚的風度，別人才會對你的學問加以重視，如果你只是隨隨便便地幫人看相，這就犯了儒家「非禮勿視、非禮勿言」的大忌了。

　　那麼，看相要遵守什麼樣的原則，才能恰到好處不亢不卑呢？孔子曾說過的三句話非常貼切：「言未及之而言謂之躁，言及之而不言謂之隱，未見顏色而言謂之瞽。」意思是說別人還沒有問你，你就搶著先說了這叫做「急躁」；別人已經問你了，但是你卻不肯說這叫做「隱匿」；而在還沒有看清楚別人的臉色神氣如何時，就亂發表意見這叫做「盲目」。

　　因此要特別叮嚀學看相的人，一定要先學會穩重、自愛，別擔心大家不知道你的才學，而真正需要憂心的是：自己的學問和實力夠不夠，正所謂「不患人之不己知，患己不能也」，另外，看相除了有看相的規矩和禮儀之外，更重要的還有看相步驟，而當你學會看相三步驟，那麼看穿人心只要花你三分鐘！

步驟一 ▶▶

直覺感受，也就是第一眼的印象

　　不知你是否有過這樣的經驗？當你和某人初次見面，卻覺得他似曾相識，不過事實上一個人和另一個人非常相似的機率是很低的，所以你對眼前這個人的熟悉感，一定是你對某人的某個特徵存有深刻的印象，才會讓你有這樣的聯想。

　　一般而言，鼻子相似的人，在個性上以及財運上都會有共通點，而聲音相似、嘴型相似、眉型相似的人，在個性的表現和人生際遇的轉折處，也都會有相似的地方。同理可證，喜歡喝同一個品牌的咖啡、戴同一款品牌的手錶，或者開同一個品牌的汽車、燙同一種款式的髮型、染同樣髮色的人，都會有共通的嗜好和品味。這些都是剛開始學習面相的人可以列入觀察的重點，當然愈是生活經驗豐富的人就愈能夠活用。

　　因此只要抓住這個訣竅，你就可以在第一次見面的時候，有技巧的去了解一個人，而這也能讓你在觀察別人的時候，巧妙地展現深厚的功力。

步驟二 ▶▶

先觀察五官，再佐以問相六法和十二宮，最後判斷流年運勢

先觀察五官是否端正、三停是不是均勻，接著再套入問相六法，這是最快了解別人的方式了。問相六法包括：問福在耳、問名在眉、問貴在眼、問富在鼻、問權在顴、問全在聲，接著再觀察面相的十二宮判斷一個人本身的福分與能力，最後再以定位流年，推算出年齡與運勢大致的走向。

這是面相裡比較專業的部分，需熟記才能運用自如，不過要提醒為人看相者，命相師除了要有實力和善心之外，還要有應對進退的智慧，需顧慮到對方心裡的感受，並且適度與婉轉的進行說解，這樣才不會造成「是非只因多開口，煩惱皆為強出頭」的不圓滿處境！

步驟三 ▶▶

觀察體形與動作

　　觀相的第三步驟是要看一個人的總體形象，除了五官之外，也要看頭髮的相、胸部的相、背部的相、臀相、笑相、走相、坐相和吃相。將臉部特徵與體態、言談舉止相結合，做一個全盤而仔細的觀察，更能準確的抓住一個人的人格特質和運勢變化。

1. 髮相

　　頭髮多而不粗，細卻不稀少，而且沒有蓋住前額，髮色又很有光澤，這就是最好的髮相，但並不是每個人都能擁有這麼好的髮相，因此就要借助一些小方法來獲得改運的效果，例如：頭髮太多的人容易自尋煩惱，所以要多修剪，才能保持開朗的心情；頭髮太稀疏的人身體不健康、做事不積極，可用藥補或食補來補元氣；而髮質粗硬的人個性比較剛強、脾氣不好，多護髮能讓脾氣變溫和。另外，染髮雖然是種流行，但是東方人還是適合黑色、棕色且有光澤的髮色，因此顏色染得太奇怪或染髮後造成髮質枯黃，那對運氣可是影響很大的。

2. 胸相

　　人體的心臟、肺臟和肝臟都在胸部，所以胸部寬廣的人通常比較健康。另外，胸部還代表一個人的智慧、氣度與膽識，胸部寬廣的人，能夠神色自若的面對群眾，而且對外的人際關係非常好。

3. 背相

　　背部是重要的健康指標，因為人體的神經中樞就在脊椎骨，所以身體的中樞若偏斜、彎曲，當然會引起其他病變，造成身體不健康，運勢也就好不起來，因此理想的背相，是背部挺直的人，這種人貴人運比較好，而且還會比其他人更能掌握局勢。

4.臀相

　　臀相也就是臀部的相。俗話說：「十個胖子九個富，只怕胖子沒屁股。」可見臀部是財運的象徵，所以有時在觀測財運可看一個人鼻相高聳、中正，鼻翼豐厚、鼻孔不仰不露，就斷定是大富的格局。但即使有好的鼻相、好的耳相，可是屁股卻是扁平的，這種一樣是缺乏財運。

1.年紀大，沒有臀部：就是沒有後福，代表孤獨寂寞的象徵，和另一半較沒緣份，子女恐怕也會因為工作和事業的關係而不在身邊，無法承歡膝下。

2.胖，沒有臀部：是謂欠缺財庫，所以還是安安分分的奉守本業才是上策；如果鼻相、耳相很好的人倒可以不用這麼悲觀，因為只要某個部位有好的相理就可以成就十年的好運，如果鼻相、耳相都好，只要奮鬥二十年就比一般人打拚一輩子的財富還要多。

3.瘦，沒有臀部：表示運氣不理想、懷才不遇，所以必須努力吃胖一點，配合運動，鍛鍊臀部的肌肉來改運。

4.男人的臀相：臀部結實有彈性及肌肉勻稱，這表示身體健康、充滿活力，做事情有始有終、能夠堅持到底。

5. 女人的臀相：適中就好。

　a. 臀部太大的人，容易有是非。

　b. 臀部痴肥的人，懶散不積極。

　c. 臀部太消瘦的人，沒有份量，無法承擔任務。

　d. 走路臀部搖晃太誇張的人，不能信任。

　e. 臀部太尖翹的人，容易移情別戀。

5.走路的姿勢

　　從一個人走路的姿勢，可以看出他的個性和一生的貧富。古時候的人用「龍行」和「虎步」來形容一個位高權重的人或一個翩翩君子走路的姿勢。

　　所謂龍行是指走路時腳步輕輕移動而身體不動，這種人心地光明磊落、身體健康，走路的時候身重腳輕、步履開闊而輕盈。

　　虎步則是指走路時昂首闊步，走路不出聲音，這種人威儀有加，通常是大企業家或者是做學問的人。

　　一般人雖然不一定要效法龍行虎步的姿勢，但至少要做到走路時抬頭挺胸，頭和眼神要正，不可以歪七扭八，要達到步履穩重平緩而輕的境界。

　　以下是幾種常見的走路姿態，其各自表現出來的意涵如下：

1. 走路扭腰擺臀：是輕浮的相。

2. 走路搖頭晃腦：表示意志不堅定。

3. 走路左顧右盼：猜忌心比較重。

4. 走路垂頭喪氣：表示運氣正在走下坡。

5. 走路腳步很重：落步聲很大，不容易有大成就。

6. 走路邊走邊跳：心性浮躁不穩定。

7. 走路不喜歡走直線，喜歡走曲線：愛慕虛榮。

8. 走路太快：是勞碌相。

9. 走路太慢：是跟不上時代的人。

從走路不但可以看出個性，更可以從走路的姿勢，建立你給別人的印象，所以抬頭挺胸的走出自己的康莊大道吧！

6.坐相

一個人的舉止必須要端莊才能夠受人尊重。坐姿端莊的女人，嫻淑有氣質，充分顯現良好的規矩和教養；正襟而坐的男人穩重可靠，不輕易變換工作，對感情也比較專情不容易變心。

古書上說：「樹搖葉落人搖財散。」俗話說：「男抖窮女抖賤。」有些人坐著時喜歡搖腳、搖膝蓋，這一搖，財便散了，本來不該破財的卻破財了，本來該賺進來的錢卻憑空溜走。

女孩子坐著時，如果能夠雙腿靠攏、端莊穩重的話，必然可以配貴夫；男人的坐相穩如泰山、正襟而坐，事業容易成功。

7.吃相

　　民以食為天，口腹之慾是人之常情。現代人營養過剩，文明病又多，加上人人豐衣足食，吃飯變成是一件稀鬆平常的事。

　　現代的人，交際應酬很多，只要吃過一次飯便原形畢露，因為吃相是自然流露而難以掩飾的。正所謂食色性也，人在食和色這兩件事情上是很難加以控制的，就算是道德修養再高、學問再深的人，都無法避免原形畢露的窘境，所以吃相也可以看出一個人的個性、自尊心和成就。

　　吃飯時抬頭挺胸，以食物靠近嘴巴的人，是自尊心很強不輕易妥協的人；以嘴巴去靠近食物的人，就是向飯低頭，這種人庸庸碌碌一事無成。把這兩種姿勢加起來除以二，才是中庸之道。

　　吃飯時聽不到聲音，細嚼慢嚥，才是大貴之相；吃飯時發出很大的聲音，好像豬在吃飯，這是低俗相，登不了大雅之堂。

　　從一個人的吃相，可以看出他的個性和品味，吃飯時專挑好菜吃的人，表示虛榮心比較重；專挑遠處菜的人，表示野心比較大；而不挑食的人不但個性隨和熱情，而且人緣也比較好，身體也比較健康。

8.笑相

　　笑使人如沐春風，一個人臉上常常掛著笑容，表示此人生樂觀知足，而且充滿了信心。

　　笑有很多種，真可謂笑中百態：

1. 苦笑與強顏歡笑：是一種喜怒無常的笑和無奈的笑，這兩種都是際遇不佳，運氣走下坡的笑相。

2. 竊笑：是暗中偷笑，這種人喜歡拖人下水，嫉妒別人的好運，是心胸狹窄而且沒有度量的人。

3. 諂媚的微笑：是喜歡奉承阿諛的人，這種人沒有什麼成就，一生中就只能跟在別人屁股後面，像隻哈巴狗一樣。

4. 嘲笑：會嘲笑別人不如自己，或者是以己之長攻他人之短，這種人皮笑肉不笑，為人不真誠。

5. 笑時口角歪斜：表示說話不實在。

6. 笑時前翻後仰不能自主：這是感情重於理智的人。

7. 笑時不出聲音只是應酬式的笑：這種人理智重於感情。

　　笑必須要得時得體，才能夠增進人際關係，否則會被誤以為失態，那就得不償失了。最理想的笑是微笑，微笑是嘴角往兩邊拉開，增加財庫的寬度，能夠使財運不流失；而法令紋也明顯了，所以社會名聲和地位也能同時提昇。

我的五官好福氣

以我多年的觀相經驗而言，在性格上有著相似之處的人，在面相中一定有著相同的地方，才會讓他們有如出一轍的同一特質。例如大部分的職業婦女都有明顯的顴，因為「顴」通「權」，女性的顴骨代表著傑出的才能、自我肯定、樂觀寬容和社會地位，所以有顴骨的女性多半會希望除了有家庭，還要有事業，藉著雙重身分才能表現自己、肯定自己。

以下就從「論相六法」的觀點切入，讓大家能更清楚並善用論相六法，來了解一個人的基本性格。而論相六法主要藉由耳朵、眉毛、眼睛，鼻子、顴骨、聲音這六個部分來幫助你更認識一個人，讓你知道該用什麼樣的方式和他相處及溝通。

問福在耳

什麼樣的耳朵才是好的耳相呢？好的耳相應該是形狀秀氣而長，或者是大而厚，耳朵貼腦、氣色明潤，有耳垂就更好了。耳朵大小的比例應該要配合整個頭部、臉部，臉大的人耳朵大一點好，臉小的人耳朵小也無妨，只要形狀漂亮、堅厚有肉，同樣是好相。

1.依耳朵高低來分

1. **耳高過眉**：少年得志、智慧超群，容易受長輩的疼愛和提拔，但是要小心曲高和寡，高處不勝寒。
2. **耳朵高但形狀不好**：這種人容易流於幻想，耍小聰明。
3. **耳朵較低**：智慧開悟比較晚，要多培養積極的心態才能夠迎頭趕上。

2.依耳朵緊貼度來分

1.耳朵貼腦：性格溫柔、做事情深思熟慮，言行穩重有威儀。

2.耳朵向兩邊張開：俗稱為招風耳。這種人消息來源特別的靈通，很適合從事大眾傳播或是新聞性的工作。

3.依耳朵大小來分

1.耳朵太大：容易驕傲，做事情有恃無恐。

2.耳朵太小：容易缺乏主見，意志力不夠堅定。

4.依耳朵的輪廓來分

耳朵有兩道半圓形的凸起，在外的一圈叫做輪，在裡面的一圈叫做廓。依照耳朵輪廓的不同，可以看出以下的人格特質：

1.耳輪形狀是尖形：個性較特異獨行，從小就有叛逆的特質，反抗心也特別的強。

2.耳輪形狀是圓形：做事情比較圓融，人緣好、好相處。

3.耳輪形狀是方形：實事求是、腳踏實地，個性比較難溝通，因為比較固執。

5.依耳朵的顏色來分

1.耳朵氣色紅潤：表示官運亨通。

2.耳朵比臉還白：可以揚名四海。

3.耳朵黃色明潤：表示平平安安。

4.耳朵暗黑或是髒髒的：是不吉利的象徵，或是代表有意外事件發生或有疾病的隱伏。

6.耳垂的意義

耳垂長得好代表三種意義：

1. **有福氣**：身心寬闊不與人計較，當然煩惱也就比較少了。
2. **有財運**：有耳垂的人一定有積蓄，尤其是中老年人。
3. **口才好**：耳垂又叫做垂珠，耳垂朝向嘴巴就叫做明珠朝海，代表口才奇佳，一生因口才而富而貴。

問名在眉

　　我們常聽到喜上眉梢、揚眉吐氣，都是形容一個人功成名就、成功成名的喜樂。眉毛是一個人的表情，它呈現喜樂哀怒不同的變化，也可以說是一個人心情的寫照。

　　無論你的眉型是屬於哪一種，都是要以「眉清」這兩個字為最基本的判斷標準。什麼樣的眉毛可以說是眉清呢？首先要清秀不亂、眉毛要順暢清晰，而且要有頭有尾，此外，眉毛離開印堂和眼睛都要有一定的距離才是好的眉型。

1.依眉毛長短來分

1. 眉毛長：衣食無缺，眉毛要比眼睛稍微長一點才是好的眉毛。

2. 眉毛短：代表只看眼前不重未來，容易流於急功好利，給人家現實勢利的感覺，也因為缺乏朋友關心而孤獨寂寞。

2.依眉毛高低來分

1. 眉毛高：位高權重，重視道德修養，宅心仁厚、為人寬容。

2. 眉毛低：個性急躁、容易衝動，尤其是眉毛靠近眼睛的人更是如此。

3. 眉毛低而眼眶深陷：看起來很迷人，性感有魅力，其實這種人疑心很重，平常喜歡挖苦諷刺別人。

4. **眉尾高**：重視物質生活，講究美感、喜歡羅曼蒂克的情調，表面上看起來好像很浪漫，但實際上很重視現實生活的一切。

5. **眉尾低**：重視精神生活，喜歡藝術，在穿著和生活物質方面表現得很有個人的特色。

3.依眉毛濃淡來分

1. **眉毛淡**：比較好相處，也比較隨和。

2. **眉毛濃**：比較有個性。眉毛像墨汁一樣黑的人，一生辛勞、苦多樂少，付出多而收穫少。

4.依眉毛粗細來分

1. **眉毛粗**：氣量大，宅心仁厚。

2. **眉毛細**：比較細心，做事謹慎。

3. **眉毛頭粗尾淡**：比較不理性，容易情緒化。

5.依眉毛形狀來分

1. **眉毛捲捲的**：像燙過一樣，表示個性比較倔強，比較不願意聽別人的勸告。

2. **眉尾彎彎**：比較多情。

3. **眉角上揚**：個性強，事業成功能揚名四海。

4. **眉毛像月亮**：代表一生平順、心地善良。

5. **眉毛像八字形**：叫做八字眉，在感情上常常是吃虧的，如果能夠跳脫感情的包袱，在事業上的表現也是可圈可點。

問貴在眼

古人說問貴在眼，也就是說人生是貴是賤，關鍵就在兩隻眼睛，因為眼睛也是神情的觀測站，所以人們常常說眼神，而沒有人說鼻神、耳神、眉神，或者是口神等說法，因此在五官裡面，眼睛可以說是最重要的器官了。

1.依眼神來分

1. 炯炯有神：為人正派，意志力強，智慧超群，事業容易成功。
2. 眼光喜歡平視：內心踏實，為人誠實、童叟無欺。
3. 眼光喜歡向上看：生性驕傲現實，常常給人一種目中無人的印象。
4. 眼光喜歡往下：缺乏自信心，不擅與人交際應酬。
5. 眼神喜歡飄移不定：屬於投機份子，懂得察言觀色，像牆頭草兩邊倒。
6. 眼睛半開半閉：可以分成兩種，一種是攻於心計，時時刻刻都在思索下一步棋該如何下。另一種是純粹屬於神氣不足的人，才會有這樣的眼神。
7. 眼睛直視近於呆滯：做事情常常少一根筋，反應比較不靈敏。

8. **眼睛水汪汪**：像水流蕩漾一般，對異性頗有吸引力，但是這種眼神的人，行為比較輕浮、好色。

9. **眼神似喝醉**：稱之醉眼，有這種眼神的人，生性懶惰，做事情沒有目標，很難出人頭地。

2.依眼睛大小來分

1. **眼睛大**：有愛心，眼睛又大又有神，表示容易成功、成名，並且有很好的財運。

2. **眼睛小**：自我保護心很重，不輕易相信別人，和別人相處總是保持距離（如果眼睛小、秀長有神，就代表了心思細膩有智慧，能夠深藏不露）。

3.依眼皮單、雙來分

1. **單眼皮**：個性冷靜內向、感情內斂，是屬於理智重於感情的人，做事情小心，能夠三思而後行。

2. **雙眼皮**：敏感反應快，感情豐富容易感動，個性活潑熱情。

3. **眼皮內雙**：感情和理智是平衡的，為人處事圓融善解人意，能夠適時表達自己的心意，關懷別人。

4.依眼白多寡來分

不管眼睛屬於什麼樣的形狀，最好是黑眼珠的部分多一些，而眼白的部分少一些。

1. **眼白多**：不滿現狀、憤世嫉俗，喜歡批評別人，說話的時候常常不留口德，不僅影響了財運，連人緣也會變差。

2. **黑眼珠大而有神**：比較有財運，人緣也很好。但是黑眼珠太大是奸雄之相，所謂珠大膽亦大，在野心和慾望的驅使之下，沒有什麼事做不出來的。

問富在鼻

鼻子在三停中象徵人停的部位，它是代表一個人的意志力、自尊心、自信心、道德觀念、理財能力，以及配偶好壞。好的鼻相應該是要豐隆有肉，鼻挺有勢，不高不低，不偏不倚，不粗不小，山根高聳，鼻樑中正、不彎曲，而準頭要圓潤，鼻孔不仰不漏，而且沒有不好的痣，這樣才是好的鼻相。

1.依山根來分

鼻子的最開端就稱為山根，因為鼻子在臉上好像一座山高高的隆起，所以山根就好像山的起源點，也就是印堂以下的位置。

1. **山根高**：代表先天的體質健康，有父母照顧，童年的生活環境富裕，而且是快樂的。
2. **山根低**：個性比較保守，沒有主見、容易三心二意。

2.依年壽來分

鼻子的中段叫做年壽，也就是指年上和壽上的部分，主要是看一個人的個性和志氣。

1. **年壽高**：志氣也高，健康運也好。
2. **年壽低**：先天體質比較差，意志力比較薄弱，做事情常常猶豫不決。
3. **年壽凸起**：生性好辯，個性愛面子、任性，不容易和別人妥協。

3.依準頭鼻翼來分

準頭的兩旁也就是鼻翼的地方。

1. **準頭圓**：為人圓融，心地仁慈、隨和，有同情心、識大體、樂於助人、財運好，如果再加上色澤明潤，沒有斑點和瑕疵，就表示財運亨通。
2. **準頭尖**：消極不主動，自恃甚高，態度冷漠。
3. **鼻翼大而且肉很厚**：善於理財，生財有道。
4. **鼻翼兩邊大小不一**：一生當中沒有偏財運，如果有痣更容易漏財。

問權在顴

在社會上有權力、有地位的人一定有很好的顴相，因為顴和權是相通的，由顴骨的相，可以看出一個人的擔當和魄力，也可以感受到威嚴和企圖心。沒有顴骨的人，無法擔任重大的任務，卻有很好的執行力，所以有顴骨的人和沒有顴骨的人可以互相配合、互相合作，是最佳拍檔。

好的顴相應該是圓滿高聳，有豐滿的肉將顴骨包起來，而不能夠露出骨頭、尖凸，或者是橫張，這些相都顯示出一副要吃人的模樣，一種霸氣、不可一世的表情，配上說話時張牙舞爪的模樣，認為自己的能力很好、很受歡迎，其實這種顴相的人是常常受人利用的。顴相可分以下四種：

1. **顴骨凸出**：個性好強，有堅定的意志力和進取心，能挑戰環境、克服困難。
2. **顴骨擴張**：也就是顴骨向左右過度凸出的人，這種人攻擊性很強，很敢批評別人。
3. **顴骨低陷**：缺乏勇氣和鬥志。
4. **顴骨如刀削**：體力差、運氣也不好。

問全在聲

　　相術除了面相五官之外，其實也包含了行、立、坐、臥之相，彼此都是要互相搭配、互相參考的。聲音在相學上可以說是一大學問，也可以說是最重要的判斷依據，在社會上有成就、受人歡迎的人，大都是聲音宏亮；最高明的相士，只要聽聲音，就能夠辨別一個人的智慧高低，是富是貴、反應能力，以及運氣的好壞。

1.依聲音宏亮來分

1. **聲音宏亮**：個性光明磊落，精力充沛、容易成功。

2. **聲音沙啞**：天生沙啞的人，代表一生辛苦奔波、不聚財，後天聲音變沙啞的人，表示運氣走下坡。

3. 說話大聲：正直努力、感情的表達很直接，毫無浪漫可言。

4. 說話小聲：個性內向膽小、不擅於交際。

2. 保養聲音的方式

保養聲音是非常重要的，以下提供幾種保養喉嚨的方法，給大家參考：

1. 多喝水：很多人喝水是因為口乾了、渴了才喝水，這是錯誤的，水份應該要時時補充，尤其是經常說話的人，如果等到口渴了才喝水，已經來不及了，對喉嚨已經造成傷害，所以別忘了要時時補充水份。

2. 喝楊桃汁：楊桃汁對於開嗓音最有效，最好喝不加糖而且是溫的楊桃汁，不但對喉嚨有潤喉開嗓的好處，連氣管也照顧到了！

3. 喝澎大海或是羅漢果：可保養嗓子，這兩種都是純天然、純中藥的植物，而且又好喝，澎大海有香香的味道，而羅漢果有點甜甜的，可以依照自己的喜愛來選擇，常說話的人，譬如：教師、歌星、演員，因為長時間的發聲會傷害到津液的補充，中醫說是傷陰，而澎大海最能夠補陰，是滋陰的聖品。

4. 喝人蔘茶：因為說話最傷元氣了，所以常喝人蔘可以避免元氣的流失。

最後要注意的是：少吃辛辣的食物和刺激的食品，這些對自己都是慢性的傷害，所以如果想要有好的聲音和好的嗓子，可要多一份保養的心喔！

我的專屬面相十二宮位與痣相

十二宮介紹

　　傳統的面相學將人的臉部分為十二個部分，這十二個部分也稱為十二宮，分別是命宮、財帛宮、兄弟宮、田宅宮、子女宮、部屬宮、夫妻宮、疾厄宮、遷移宮、事業宮、福德宮及父母宮。而了解這些宮位的好處在於，我們可以藉由每個面相宮位所代表的意義，善用自己的長處創造更美好的生活，更要藉由行善積德的方式，來替自己不佳的面相開運、改運。

　　例如：兩眼下方稱為子女宮，若子女宮色澤變黑、暗沈，或水腫、長瘡、疤都代表與子女互動困難，對於管理小孩的事情容易吃力不討好，因此當我們知道可能會面臨這樣的問題時，就可以事先在心態上做好調整並想出最合適的改善方法，讓一切能有更好的發展。

　　所謂「知己知彼、百戰百勝」，以下就細論各宮所象徵的意義，希望大家可以從對十二宮的了解，幫助自己也了解別人。

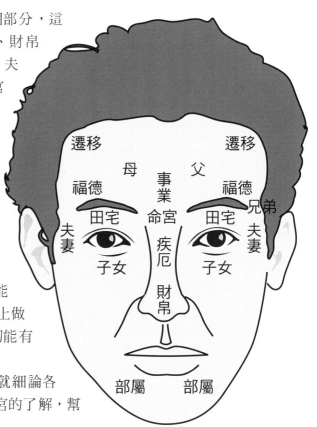

面相
好好玩

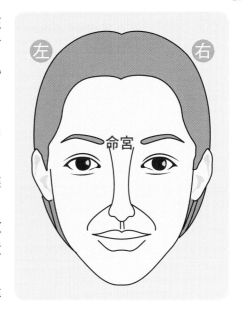

首先我們來看命宮的位置。命宮的位置在兩個眉毛的中間，也在山根的上方。命宮又叫做「印堂」，是一個人精氣元神聚集的地方，也關係一個人一生中的貴賤禍福。

1.依印堂的紋路來分

● 印堂有亂紋：心思比較亂且難得清閒。

● 印堂有八字紋：勞心勞力，付出多收穫少，有時候考慮太多。

● 印堂有懸針紋：個性固執獨斷，欠缺圓融，不喜歡受社會道德的約束，喜歡自由自在、按照自己的意思過生活。

● 印堂有川字紋：勞碌無清閒，而且心情時常是鬱卒的。

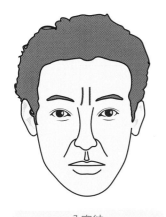

八字紋

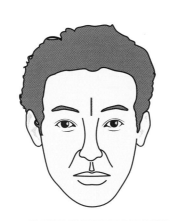

懸針紋

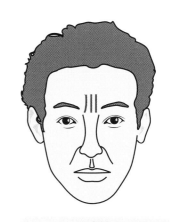

川字紋

2.依印堂的寬窄來分

印堂的寬窄應該以自己的手指頭的幅度為衡量標準，一指到兩指的指幅是最適當的寬度，太窄的謂不足，太寬則謂太過，兩者都不是最理想的。

● 印堂寬：功名顯達大貴之命，氣宇軒昂器量大，為人仁厚有修養。

● 印堂太寬：容易相信別人，缺乏自己的主見，容易上當吃虧。

● 印堂太窄或者長雜毛：容易鑽牛角尖，不善於交際應酬，有時候多疑心，容易患得患失。

3.依印堂的色澤來分

● 顯現紅潤黃明：代表著升官發財的吉兆。

● 顯現粉紫色：不是在熱戀中，就是有新的甜蜜戀情將至。

● 顯現赤色：最近將有口舌是非的事情發生、大破財，或者是有煩惱的事情。

● 顯現青色：要小心受到驚嚇的事，或者是事業上的挫敗。

● 顯現黑色：意外災禍很可能隨時會發生，要小心行事。

財帛宮 面相上的財帛宮還是以鼻子為觀察的重點。這就是所謂的看鼻相可以知道一個人富不富有，鼻相好的人，一生多財氣，生活很富裕，煩惱也比較少。

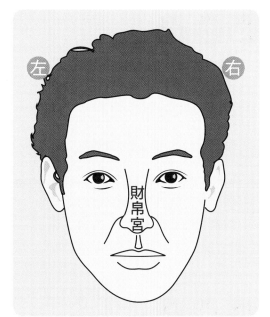

左　右

財帛宮

1. 依鼻子高低來分

鼻子高低要再細分男女來看：

- **男性鼻子高**：男人鼻子愈高大愈能夠表現自我、實現理想。
- **女性鼻子高**：就是所謂的女人男相，屬勞碌命格的人，雖然外表風風光光，但內心深處往往寂寞無助。

2. 依鼻子長度來分

- **鼻子適中**：鼻子的長度為面部的三分之一是標準的。鼻子標準的人，心地善良，為人寬厚仁慈，而且做事情都能謹守中庸之道。
- **鼻子過長**：超過面部三分之一的，可以說是長鼻子。鼻子長的人，個性剛強正直，做事情負責任，但會比較不懂得變通圓融之道。
- **鼻子過短**：少於面部三分之一的人，可以說是短鼻子。短鼻子的人比較保守，只重視眼前和現實的事情，對於未來比較沒有規劃。

兄弟宮 兄弟宮指的就是眉毛的地方，也稱為交友宮。它不但代表了和兄弟姊妹的緣份，也可以看出和朋友、同學、同事之間的關係，一個人如果不能夠友愛自己的兄弟姊妹，更不要說和別人的關係了；所以眉毛不只看兄弟，也能夠看出一個人的思想和人格、感情和性情。

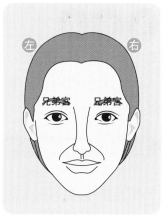

依眉毛粗細長短來分

- 比較長或比較細：在性情上隨和，個性溫文儒雅，和別人總是相處愉快，讓人如沐春風。
- 比較短或比較粗：天生的急性子，無法忍受慢條斯理的事情，喜歡明快果決、說做就做，是個身體力行、不畏艱難、能夠堅持到底的人。

田宅宮 田宅宮主要是看眉毛和眼睛之間的上眼瞼部位，此外也要參考鼻翼和地格的相理。田宅宮顧名思義指的就是土地和房屋，可以看出一個人在房地產方面的運氣好壞。

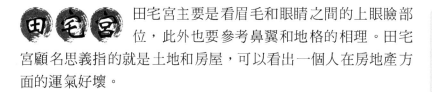

依田宅宮寬廣狹窄來分

- 寬廣豐滿：為人隨和親切，無論是人緣或名聲都很好，同時在購買房地產或處理房地產的時候，也能夠比別人多一分的幸運。
- 廣卻沒有肉：喜歡享受玩樂，賺來的錢存不住，空有能力和才情，卻只能眼巴巴的看著別人成功。
- 狹隘窄小：個人主義、眼光短淺、器量不夠，變動的機會很大，無論是居住的環境或工作的地點，經常會變化不定，不適合從事房地產方面的工作，很容易出狀況。

子女宮 這個地方從前叫做淚堂，它的位置就在眼睛的下方。由子女宮的好壞可以看出和子女的緣份深淺、子女是否健康等問題。看子女宮的時候，也要參考人中和口唇的好壞。

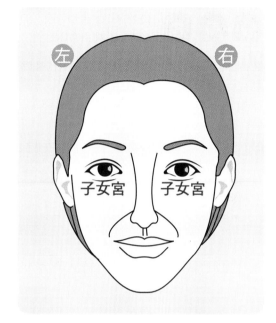

1. 依氣色來分

- 淡粉紅色或淡黃色：未婚主喜事近，或孕婦主生男。
- 氣色紅潤：若氣色紅潤是最好的，如果能搭上上唇的縱直紋和深長的人中，那麼就代表了子女賢孝，可以光耀門庭。
- 氣色昏暗：在養兒育女上會比較辛苦，懷孕的話要注意流產。
- 眼下常現黑色：心懷不軌、心中常有邪念。

2. 依外觀來分

- 乾枯低陷或見骨：父母親和子女緣份較薄，生活中常會起口角爭執，子女的健康狀況也比較不好。
- 有皺紋深痕：子女比較不孝順，常使你煩惱憂心，此外，子女在健康上容易有問題。
- 豐滿或有臥蠶：子女成器有出息，也相當孝順。
- 寬廣開闊：子女成群，且個個落落大方，進退得宜。

古稱奴僕宮，現代似乎已經不合時宜了，所以現代大家都稱作部屬宮，會比較貼切一些。部屬宮在唇下承漿兩旁的位置上，也可以說是下巴的部位。

依下巴形狀來分

● **下巴豐厚**：知人善用，所謂德不孤必有鄰，因為多半本身具備了領導統御方面的才能，加上別人也願意跟隨，所以可以得到部屬的助力。

● **下巴圓滿**：人格高尚、待人寬厚仁慈，這樣的人由於早年辛苦，根基穩固，當然能夠有長久的事業並受人愛戴。

● **下巴削尖**：為人比較刻薄，不懂得施比受更有福的道理，而給人冷漠的感覺。

● **下巴收縮過短**：在判斷力或者是意志力方面比較不夠，不容易領導別人、獲得別人的信任。

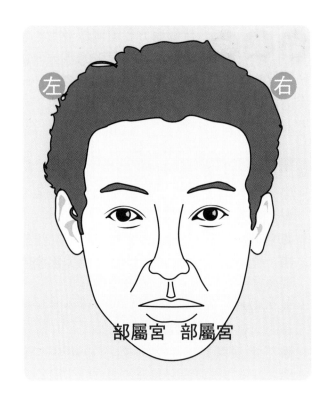

部屬宮　部屬宮

 夫妻宮的位置在眉毛和眼睛尾端延伸到髮際的位置，這個部位也叫做魚尾和奸門，這是看夫妻關係好壞的地方。

依外觀氣色來分

- 寬闊豐滿、氣色紅潤：代表男性可以娶到賢妻、女性可以嫁貴夫，而且夫妻感情和諧，生活美滿。

- 削薄無肉、氣色晦暗：是不好的相理。削薄的人，夫妻感情也相對的淡薄、聚少離多；如果出現晦暗的氣色，則很可能是配偶患有疾病。

- 青筋暴露：如果夫妻宮這個地方青筋暴露，代表和另一半有離別的跡象。

- 有亂紋：如果本來是沒有亂紋而後來出現，那也是一種疾病的預兆。

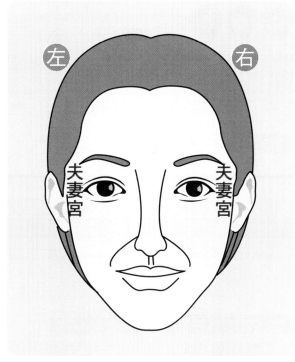

左　右

夫妻宮　夫妻宮

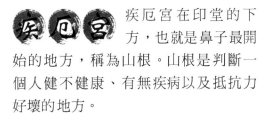 疾厄宮在印堂的下方,也就是鼻子最開始的地方,稱為山根。山根是判斷一個人健不健康、有無疾病以及抵抗力好壞的地方。

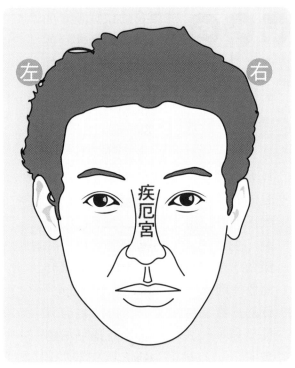

1.依山根高低來分

- 山根高:身體健康,抵抗力很強,可是為人心高氣傲、優越感太強,容易驕傲任性。

- 山根低:做事情保守、不敢冒然前進、缺乏主見,應付突發事件的能力比較弱。

2.依山根外觀來分

- 山根豐隆:意志力的堅定,對未來信心十足。所以若遇到大的災難,便能夠逢凶化吉,度過難關,即使失敗了,仍有機會東山再起。

- 山根斷裂或凹陷:做事容易三心二意、心不在焉。此外,一生中會有一次大的災難事故,所以最好不要從事危險的活動。

- 山根露骨:也就是在鼻子上山根這個地方看得到骨節的人,做人比較好辯、凡事因為愛面子,所以什麼事都要爭到贏,不服輸。

遷移宮就在前額的兩側，也就是頭角髮際旁的地方。遷移宮主要是看居家搬遷、移民及職業變動，或者是遠行旅遊的機會，以及外地求財的運氣好壞。

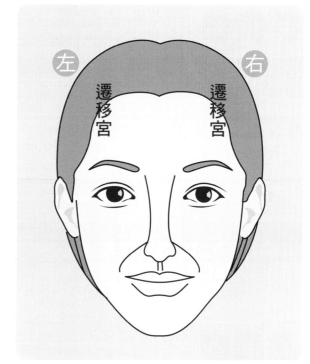

1. 依氣色來分

- **紅黃明潤**：主有升遷之喜，亦主遠行、經商、結婚或工作的變動很順利。
- **昏暗色青**：不宜出門，恐有意外或失財受驚。
- **白色**：近期會遠行或遭部屬暗中陷害。
- **黑色**：可能會因為交通意外受傷或身亡，不要做太危險的事情，凡事謹慎小心。

2. 依外觀來分

- **豐滿高隆**：外出發展容易成功，適合出國旅遊、留學工作，或者是往國外發展貿易，都是容易順利成功的。
- **削陷昏暗**：不利遠行，旅途中易遭遇困難，或有破財之事。
- **出現青春痘**：容易發生無法預期的破財事情。

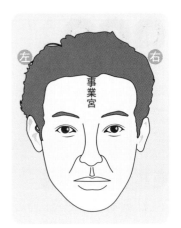

事業宮 官祿宮是古代的名詞，現在大都稱為事業宮了，事業宮的位置在額頭的中央髮際的下面，在印堂上方的部位。而事業宮代表著記憶力、理解力和思考的能力。

1.依隆陷來分

● 寬廣隆起：是好的相理。古代稱為「伏犀貫頂」，為大貴之相，如果再和高隆豐滿的鼻子相連，那麼氣勢更旺。

● 低平凹陷：不利於功名的追求，會影響考試的運氣。

2.依紋痕來分

● 有亂紋：心思亂，常常是東忙西忙，不知道自己的目標在哪裡。

● 有傷痕：一生中小人是非比較多，比較不適合走官運。

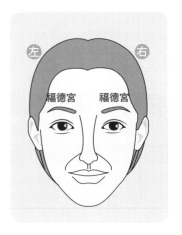

福德宮 福德宮的位置在眉毛尾巴的上方，這個地方和福氣財氣都是有關係的。福德宮也是一個人積福積德的表徵，福德宮狹窄的人，平時可以多行善事、心存善念，那麼福德宮便會愈來愈寬廣，氣色也會愈來愈紅潤，同時福德宮的命運也會有一個很大的轉變。

依氣色來分

● 泛青色、黯淡：要小心突然破財，或發生令人憂心的事件，如果有人向你借錢，或者是請你作保背書，都要狠心拒絕，要不然當個大善人，當它是破財消災也可以。

● 泛黑色：可能是官司纏身，或者是有意外事件。

● 出現青筋：近日經濟拮据，愈明顯表示缺的愈多。

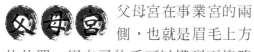 父母宮在事業宮的兩側，也就是眉毛上方的位置，用自己的手可以摸到兩塊略為隆起的頭骨，在古時候稱為日角和月角，我們形容一個人儀表不凡，氣宇軒昂，就說他頭角崢嶸，這句話也有少年得志的意思，而頭角崢嶸指的就是指日角和月角突出，使得整個額頭看起來非常飽滿的意思。

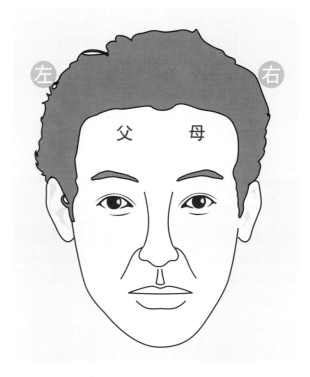

依形狀來分

- 日月角突出：能夠受到父母妥善的照顧，甚至能夠繼承家業和祖產，和父母的緣份也比較深厚。
- 日月角太過突出：個性倔強叛逆，喜歡憑自己的能力過生活，不想依靠家人。
- 日月角平坦：得不到父母的照顧，是凡事都要靠自己，是白手成家的典型。
- 日月角有缺陷：都代表父母其中一個人有身體的疾病，而且是不容易痊癒的，另外也代表少年時期和親人有生離死別的痛苦。

從十二宮來看痣相

人的臉上或多或少都有一些痣，而痣的色澤和所在位置，其實也都暗藏著某種意涵，想要知道臉上的痣究竟代表著什麼意義，首先我們要先知道何謂善痣、何謂惡痣。善痣往往黑如漆、紅如硃，光澤清美，或是痣上生毛，都是好痣；惡痣則往往黑如灰、赤而滯、褐黃、枯白，昏暗無光采。

懂得分辨痣的好壞之後，以下便以痣所在的地方，更進一步的探討所代表的意涵：

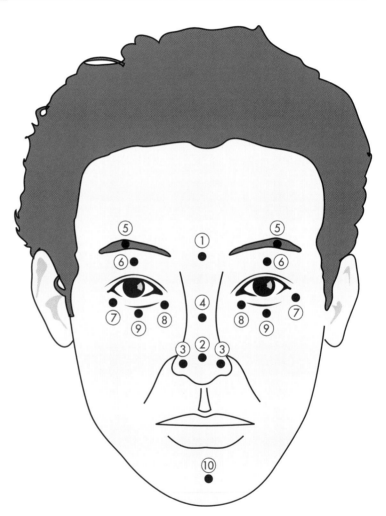

1.命宮 印堂

印堂中央有痣（如①），表示很有佛緣和慧根，適合修道學佛。如果不幸長了不好的痣，或者是受傷以後留下痕跡，則代表不得貴人提攜，同時也會影響到自己的考運，不過只要多說好話、多行善事，對運勢會有一定的改善。

2.財帛宮 鼻子

鼻頭處見痣（如②）是名利雙收，心懷大志。若生於鼻頭左右的鼻翼上（如③）代表破財貧窮，金錢支出大。鼻樑見痣（如④）代表身體衰弱，收益有阻，體力不足，而且不適合當保人。

3.兄弟宮 眉毛

眉中（如⑤）有善痣，主財富及長壽、易揚名；有惡痣，主剋兄弟，易犯水險。

4.田宅宮 眉眼間

田宅宮（如⑥）有善痣，可興家創業，田宅富足；有惡痣，住宅不安定，不適宜買賣房屋。

5.子女宮 眼下淚堂

子女宮（如⑦）有痣，代表會為子女特別的操勞擔心。淚堂位眼前頭處（如⑧）見痣，是為哭喪痣，和人相處易有溝通不良的情況發生。痣生於眼下正中央（如⑨），容易為情所困，煩惱不已。

6.部屬宮 下巴

下巴（如⑩）的地閣位生痣，不得部屬幫助，田產不安寧，且有心疾之危。

7.夫妻宮 魚尾、奸門

夫妻宮（如⑪）有痣，一般都
代表是桃花痣，容易介入多角
戀，替自己帶來困擾，並間接
的影響到財運發展。

8.疾厄宮 山根

疾厄宮（如⑫）有痣表凶險，
易有暗疾或是凶災；或代表做
事情時，往往吃力不討好、徒
勞無功。

9.遷移宮 驛馬

遷移宮（如⑬）有痣，往異鄉
可發達，但平日要多留意交通
安危，以避免發生意外傷害。

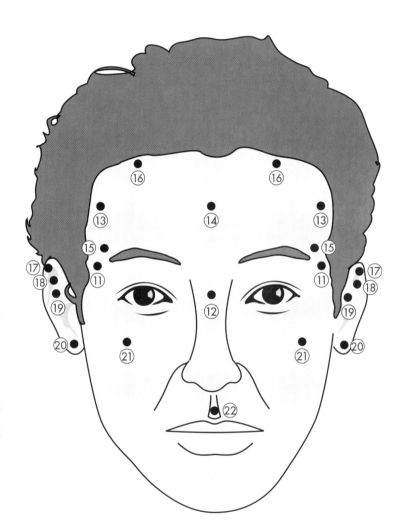

10. 事業宮 額中央

官祿宮（如⑭）有痣，個性比較傲驕，容易犯上，事業有障礙、升遷較難。

11. 福德宮 眉尾上方

福德宮（如⑮）有痣，會影響財氣和福份，做事情會比較勞碌操心，心神不寧。

12. 父母宮 日、月角

父母宮（如⑯）有痣，代表父母中有人有身體疾病，且是不容易痊癒的，也代表少年時期和親人容易有生離死別的痛苦。

13. 耳朵

耳輪（如⑰）上有痣，表示聰明有才華。耳廓（如⑱）上有痣，代表聰明任性。耳朵裡面（如⑲）有痣是最好的，可以享受一切現成的福報；而耳珠（如⑳）見痣是長壽仁慈、享富貴的象徵。

14. 顴骨

顴骨有痣（如㉑），常會吃虧上當，甚至於吃官司，做事或發展上容易受限制，在愛情方面也有被橫刀奪愛的可能，事業也不順遂。

15. 人中

人中有痣（如㉒），要小心水厄，或是自己的子女容易有意外事件，所以要避免危險和冒險性的活動，才能夠避開惡運。

點痣小百科

　　每個人的臉上一定都會有痣，只是差在痣的位置及多寡的區別而已。其實根據報告指出，人在初生時期通常沒有什麼痣，大部分的痣都是後天出現比較多。大致可依黑白、大小、深淺來區分痣，若總括而說，可分為：

1. 點：呈平滑黑色斑點。
2. 痣：色澤全黑呈圓形或橢圓形微凸出表面。
3. 斑：色澤較淡均勻分佈，為淺褐色。

　　有句話說：「面無好痣。」然而這樣的說法卻似乎過於獨斷，很多時候，一顆痣的好壞與否，往往是由你心中去做判斷，而不是人云亦云的就認定是顆善痣或惡痣。像是長在嘴邊的「好吃痣」，如果你認為好吃沒有什麼不好，而且很享受有口福的感覺，那麼這顆痣對你而言，就構不成煩惱；反之，如果你並不喜歡讓別人覺得你很好吃，而覺得有痣讓你煩惱不開心，那麼，你可能就會希望能藉由一些方法把痣消除。

　　雖然從命理的觀點而論，點痣的確有改運的作用，但其實最重要的原因是當你有一顆令你心煩的惡痣，若藉由點痣而從此消失不見的話，你也就能眼不見心不煩了，而心情一愉悅，做起事來當然也會覺得順心許多，萬事順心，好運自然也就跟著來了。

　　不過，如果真的要點痣的話，最好不要在街頭隨隨便便給人點痣，也不要買藥水藥膏自己點痣，因為不夠專業，可能非但達不到你想要的效果，還很容易造成皮膚紅腫潰爛，所以建議大家，如果真想點痣的話，一定要向專業的整型醫師求診，安全性較高，也讓人較為心安。

此外，對於點痣另有幾點注意事項提供大家做參考：

1. 點痣最好選擇秋冬時節，因為比較不曬太陽，加上臉比較乾，傷口會好得較快，反之，如果是夏天點痣，天氣熱加上容易出汗，傷口就會容易受到感染。

2. 點痣完的頭兩天盡量不要接觸水，之後可以洗臉，但洗後應立刻擦乾淨，同時注意避免日曬。一般在一到兩週後表面的痂可以自然脫落，不要自己將痂去除，否則易留下疤痕。

3. 點痣完一陣子最好避免吃辣的食物或是喝酒，激烈運動也要避免，以免過度刺激傷口，影響傷口癒合的速度。

4. 不要一次就想將痣全部點掉，漸進式的逐步點痣，才不會讓皮膚的負擔過大而出現反效果。

點痣是見仁見智的看法，如果你覺得點痣可以讓你看起來更美麗，也能帶來好運，那麼不妨一試，但是切記要選擇專業的醫院和醫師，才會有令人滿意的效果喔！

從面相看透人的一生

大運幾時來？——面相三停流年

　　第六感敏銳的人，看人多一分清醒；刻薄的人，標準從嚴；寬厚的人，標準從寬。所以若從「悲天憫人，關懷萬物」的角度出發，你會發現大部分的人都很可愛！

　　面相上所謂的「三才」，指的是天人地，將臉自額頭到下巴分為三等分：額頭到眉毛稱為「天」，象徵天時，代表少年運和功名，也代表長輩緣和貴人運。眉毛到鼻子稱為「人」，象徵人和，看中年運、財富、婚姻和社會地位。鼻子到下巴稱為「地」，象徵地利，代表晚年運、部屬關係，也代表房地產和健康。

　　因此上停長得好的人，代表智慧開發較早，求學過程順利，從小就人緣好，也象徵父母事業成功，可以得到妥善的照顧和完整的愛；中停長得好的人，代表一個人的意志力和思考能力都很旺盛，可以在人生裡最黃金的中年時期，迅速的累積社會地位，在事業上有一番過人的成就；而下停長得好的人，通常財帛豐富、身體健康、為人仁慈厚道，有豐富的感情和同情心，可以在晚年時期過著精神和物質都很富足的生活。

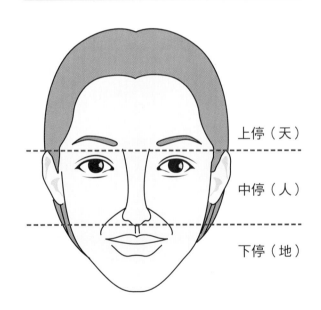

三停流年

上停（天）

中停（人）

下停（地）

1. 上停

指髮際到眉毛的上方，代表十五歲到三十歲的流年運程。上停是三才中的天，代表一個人與生俱來的智慧、父母福澤和貴人提攜，此外也能夠顯現愛情觀，因此要判斷一個人的早年生活狀況，只要觀察他的上停就可以略知一二了。

2. 中停

指眉毛到鼻頭的位置，代表三十歲到五十歲的流年運程。中停是三才中的人，代表一個人的人生觀、努力和社會評價，也能夠看出一個人的意志力和決心，所以要判斷一個人的事業是否會成功，觀察他的中停就可得到答案了。

3. 下停

指鼻頭以下至地閣的位置，代表五十歲以後的運程。下停是三才中的地，代表是一個人的財富、晚運、健康和感情，也可以看出一生中的田宅運如何，所以要判斷一個人晚年的生活好不好，觀察下停就可以一探究竟了。

上停是智慧，中停是心智，下停是感情，所以上停長的人有智慧，中停長的人意志力強，下停長的人重感情，而且比較情緒化，因此就流年與機運來說：「上停長的人少年得志，中停長的人中年揚名，下停長的人晚運看俏。」但是最好的情況是三停一樣長，代表人生圓滿平衡中庸，這才是真正的大富大貴、鴻福齊天的面相。

自我每年運勢診斷──面相定位流年

面相學中，豐腴為富相，清瘦為貴相，但有錢的人不一定好命，富者不一定貴，因為能捨才能得，捨不得就什麼也得不到。其實富貴有根，聰明有種，懂得欣賞自己的人，才能活出自信愜意的人生！以下就為大家介紹「定位流年法」，並教你如何觀察自己的臉部特徵，判斷運勢走向。

「定位流年法」是依據面相各部位的優缺點來論斷流年運勢的吉凶，所以顯現的特徵愈明確，該流年的運勢所受的影響就愈顯著。例如：臉上某個部位長得特別好，那麼流年走到那個部位時，運勢就會特別好；反之，臉上若有特別的缺陷，像疤痕、不好的痣等，那麼該部位所對應的流年運勢就容易不順，因此只要能學會定位流年法，就能準確的判斷一個人流年運程的好壞。

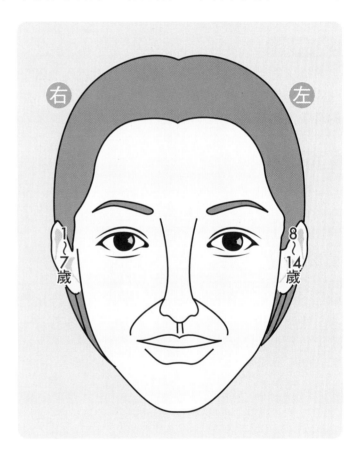

1.耳朵　代表一歲到十四歲的運程

耳相的看法基本上仍是男左女右，男生一至七歲的運程看左耳，八至十四歲的運程看右耳，女孩子則反過來，一至七歲的運程看右耳，八至十四歲的運程看左耳（如左頁圖）。而若再進行細分，則又可以將耳朵分成上、中、下三個部分——上面和中間各代表兩年的流年，而下面代表三年的流年。

另外，耳朵又可以代表與父母之間的關係，左耳代表和父親的緣份，右耳代表與母親的緣份，所以耳相好的人，與父母緣份就會比較深，而耳相不好的人，自然與父母的緣份也就淺一點了。但是一般而言，耳朵若太薄太小、長相怪異或者缺損，都代表這個人幼年的生活坎坷、身體不好或多災多難。

雖然面相不可以單論，倒是可以提醒為人父母者，多留意男孩子右邊的耳朵和女孩子左邊的耳朵，因為八至十四歲是求學階段，通常耳相好的孩子，求學歷程會比較順利，也比較乖巧聽話；而耳輪反的就比較叛逆，個性獨立，不喜歡被人管，所以建議做父母的人，應該要扮演孩子的朋友，別用權威的方式命令孩子，這樣才不會造成親子間的代溝。

2.額頭　代表十五歲到三十歲的運程

1. **額頭的正中髮際**：代表十五、十六歲的流年，有美人尖的人，在這兩年容易有桃花，所以要穩定心神，千萬別為了戀愛而影響到學業。
2. **日月角**：代表十七、十八歲的流年，這兩年也是考運好壞的關鍵。
3. **額頭中正**：代表二十五歲的流年，這個部位若能氣色紅潤、皮膚平坦有光澤，表示考運很好，能夠榜上有名；反之若這個地方有疤痕、不好的痣或凹陷，那就表示要加倍的努力才會有希望。

4. 印堂：代表二十八歲的流年，
這是一生中很重要的一年，所
以若印堂處黯淡無光、有皺
紋，代表二十八歲這年容易大
起大落。其實很多人經商失敗
都在二十八歲，這從印堂就可
看出端倪，此外，這時候還要
多留意會被親人或朋友連累。

5. 驛馬宮（髮際的邊緣）：代表
二十九、三十歲的流年，驛馬
宮不好的人，每次出遠門都容
易掉東西，或留下不愉快的記
憶，而到了二十九歲和三十歲
這兩年更要注意，因為出國容
易發生意外，所以盡量不要做
危險或冒險的事，抱持著戒慎
小心的心態才能逢凶化吉。

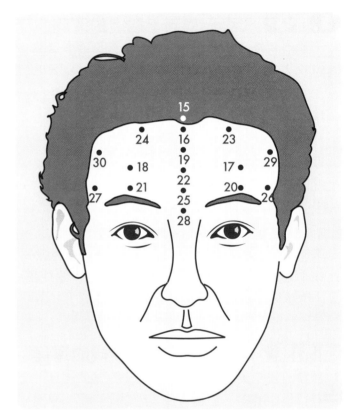

　　額頭代表一個人的早年運，所以額相好的人，能夠少年揚名，而這類型的人大都能夠
三十而立，因為他們通常很早就能確立人生目標，並且朝著理想的道路邁進。不過額相較
差的人，也別太早灰心，雖然額頭低陷、凹凸不平，很容易影響求學時代的表現，但是只
要凡事及早規劃，努力去執行，再加上有貴人從旁指引提醒，最後還是能闖出自己的一片
天。

3.眉毛和眼睛 代表三十一歲到四十歲的運程

1. 眉毛：代表三十一歲到三十四歲的流年。細分為：左眉頭代表三十一歲，右眉頭代表三十二歲，左眉尾代表三十三歲，右眉尾代表三十四歲。雖然細分如此，但是一般觀相還是以眉毛相理的好壞來判斷流年，所以眉頭長得好，代表三十一、三十二歲就要開運了，若眉尾稀疏或沒有毛的人，三十三、三十四歲的流年就會比較差，除非兩個眉毛長得不一樣，或是不平均，這時候才需要細分其定位之流年，而通常這類型的人多為雙重性格。

2. 眼睛：代表三十五歲到四十歲的流年，也可以再細分為：左眼頭代表三十五歲，右眼頭代表三十六歲，左眼中代表三十七歲，右眼中代表三十八歲，左眼尾代表三十九歲，右眼尾代表四十歲。

一般而言，眉清目秀代表貴相，所以眉毛相理好的人，在三十一歲到三十四歲之間，容易有好的名聲；而眼睛相理好的人，在三十五歲到四十歲之間必然得貴。

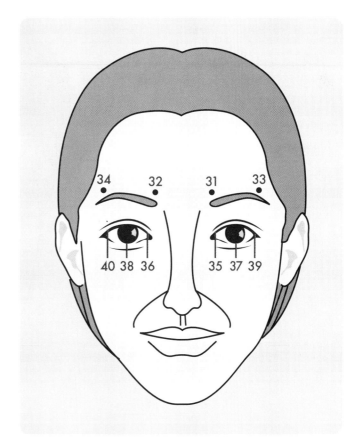

 **代表四十一歲到五十歲的運程**

1. 鼻子：代表四十一歲至五十歲的流年,而且又剛好在臉部的正中央位置,所以也就代表了人生當中最黃金的時期,因此有人在四十歲以前一事無成,但是流年一走到鼻運,立刻大發且氣勢如虹,所以觀察自己的鼻相可以做為事業進退的參考。

2. 山根：代表四十一歲至四十三歲的流年,所以山根若斷裂,代表這個人的一生中會有一次很大的災難,而山根若有橫紋則代表四十一歲的時候容易遭遇挫折。

3. 年壽：代表四十四歲至四十五歲的流年,所以年壽豐隆的人,在四十四、四十五歲時,運氣會特別暢通,連身體都很健康。

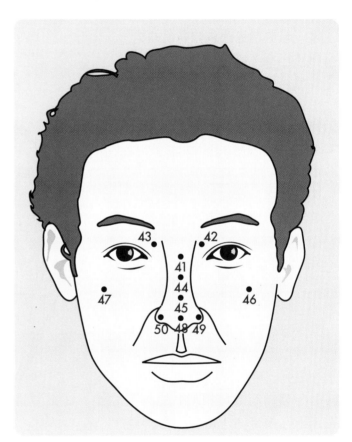

4. **顴骨**：代表四十六歲至四十七的流年運，顴骨有骨頭，微微的隆起代表貴，表示有社會地位；顴骨有肉，皮膚光澤彈性好，代表能夠因名得利，所以如果鼻相好又有好的顴相，必定能夠得到大眾的肯定；而鼻相好顴相卻不好的人，容易流於孤芳自賞，自己空有才華能力卻沒有人欣賞。另外，若鼻相不好而顴相好的人，自己雖然欠缺自信，別人卻肯費心栽培，屬於靠貴人提攜型，所以如果自己願意努力，一樣能有傲人的成就。

5. **鼻子的準頭**：代表四十八歲的流年，也代表財富，所以鼻頭常常長粉刺或青春痘的人，一般都容易小破財，但是要特別注意，鼻子準頭坑洞很多的人，流年走到四十八歲這一年比較容易大破財，所以創業或大投資都不宜。

6. **鼻翼（蘭台廷尉）**：代表四十九歲至五十歲的流年，也是財富聚集的地方，一般來說鼻翼有肉的人，財庫一定不少，所以西方人的鼻子雖高，但是鼻翼大部分都是小小的，這表示他們錢賺得很多，卻不太有守財的觀念；而相較於東方人，鼻翼都比較豐厚一些，所以東方人有比較紮實的理財觀念，懂得存錢以備不時之需。

　　就面相學的觀點來看，會不會賺錢要看鼻子。但也不是鼻相好的人就一定很有錢，因為這種人理想較高，金錢對他而言並不是唯一，所以當你看到一個鼻子長得很好卻沒有錢的人，要知道並非他沒有能耐，而是他有所堅持。

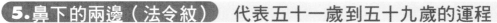

5.鼻下的兩邊（法令紋） 代表五十一歲到五十九歲的運程

1. 人中：代表五十一歲的流年，也是人生中很關鍵的一年，表示流年走到這裡的時候，人的生命、事業、財富以及子息都有可能發生重大的變動。另外，人中又象徵生命力的強弱和貴人運，所以人中深而長的人，不但本身生命力較旺盛，而且在五十一歲那年也會比較順遂。

2. 仙庫（人中的左右）：代表五十二、五十三歲的流年，這兩年仍然受人中的影響，所以人中長得好，這兩年的運勢才會跟著好。

3. 法令紋的內側：五十四歲至五十五歲的流年，法令紋的內側代表家族的勢力，所以法令紋向外擴張，嘴上的部分顯得很廣大的人，表示家族的人口眾多而且非常團結。

4. 法令紋：代表五十六歲至五十七歲的流年，法令紋是一個人社會地位的表徵，所以小孩子和沒有事業心的人都沒有法令紋，而且通常法令紋優秀，運氣也就順遂；但是如果法令紋斷裂，或者是長了不好的痣，就會影響到事業、地位和名譽，所以要多加防範才能趨吉避凶。

5. 法令紋的外側：代表五十八歲至五十九歲的流年，所以若法令紋外側的臉頰豐滿有肉、氣色紅潤，表示這兩年會有晉升發財的好運，因此建議女性朋友適度的擦一點腮紅，能讓運勢更好；而有酒渦的人，這兩年就要預防被小人陷害，所以和別人金錢的往來或文件契約都要特別的留意，這樣才能避免損失。

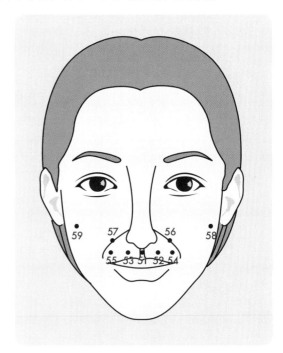

其實法令紋除了代表權勢地位之外，同時也代表一個人長壽健康，所以法令紋深長而明顯的人，做事情有主見，重視法律規範，思慮非常的周詳，講話很有份量而且不容易變換工作，但是法令紋並不宜太深或太長，因為太深表示脾氣不好，容易動怒，太長（延伸到下巴）表示這個人非常固執而且刻板，做事很難溝通。

6.嘴巴 代表六十歲到六十五歲的運程

嘴巴代表六十歲的流年，所謂嘴大吃四方，因此若嘴大而且嘴角又能夠微微向上，時常保持微笑的人，在流年走到嘴巴這一年，必然能功成名就、心想事成。尤其是唇色紅潤，唇上有縱直皺紋的人，六十歲更是鴻福齊天的一年；而六十一歲的流年看承漿（嘴唇下方凹進去的地方）；六十二歲至六十三歲的流年看地庫（唇下左右的位置）；六十四、六十五歲的流年則看法令紋的下側。

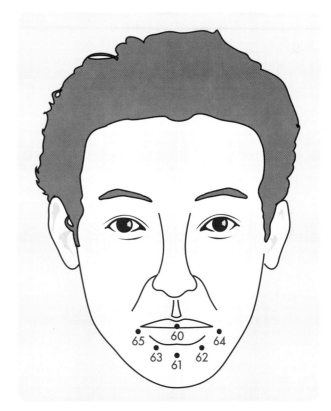

7.地閣 代表六十六歲到七十五歲的運程

地閣是財富與感情的觀測站，所以從地閣可以看出一個人晚年的財運。地閣豐滿的人，財庫也會很飽滿，同時也能享受子女的孝順和身心的安寧。不過從地閣看流年，又可進一步的細分如下：六十六歲至六十七歲的流年看腮骨的旁邊；六十八歲至六十九歲的流年看靠近耳垂部分的臉頰；七十歲的流年看承漿的下方；七十一歲的流年看下巴的尖端；七十二歲以後的流年看下巴的左右。

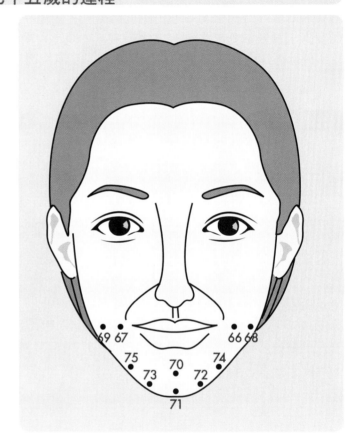

8.七十五歲以後的流年主要顯現在精、氣、神

　　精、氣、神的保養也是中醫裡最重要的養生法則，以下提供幾種養生的方法供大家做參考：

1. **散步養生**：南朝的醫學家陶弘景曾說：每次進餐後，不應該馬上坐下工作或上床睡覺，應該外出散步，這才是有益健康的養生方法，而年老體弱的人更應該要堅守此道。
2. **沐浴養生**：沐浴可以刺激皮膚和微血管，促進血液循環，所以有助於消除疲勞、達到身心舒暢，而這也是宋代文學家沈存中的健康長壽之道。
3. **閑賞養生**：明代的詩人高濂，在他的庭院裡栽花種草、餵鳥養魚，不但營造了一個優雅的生活環境，而且還能夠陶冶心靈，協調生活的節奏。
4. **睡眠養生**：南宋的大詩人陸游，享年八十五歲，他的養生方法就是睡眠，因為睡眠是消除生理疲勞和精神疲勞最好的方法，所以睡眠充足的人可以長壽。
5. **靜坐養生**：才華洋溢的蘇東坡，同時也是個養生有道的保健者，他十分推崇靜坐養生法，因為靜坐可以達到清除雜念、調運氣血、振奮精神和延年益壽的功效。

愛是能量的源頭，笑是生命的展現

愛是一切原始能量的來源，因為有愛，大自然和人類才得以繁延、生生不息……

世界有愛，才能形成地球村；國家有愛，人民才有希望；家庭有愛，我們才能擁有勇往直前的活力；丈夫有愛，才有成功的事業和家庭；妻子有愛，才能擁有負責任又愛家的好先生；父母有愛才能有快樂、善良的小孩……，一切因為愛而存在。女主人健康、快樂，才能成就一個和諧的家庭，所以女主人需要愛的能量，因為有了能量，才能源源不絕地付出，而不覺得累和委屈。另外，要能愛自己，欣賞自己，才能愛家人，欣賞家人的成就。

照照鏡子，看看自己的模樣，你喜歡自己嗎？笑一笑，你是不是很久以前就忘了笑，忘了「笑」能產生不可思議的力量？你的笑對孩子很重要，對另一半、對每一個家人都是同等的重要！

很多人問我如何能改變命運，跳脫惡運？如何讓自己及家庭更溫馨、更快樂？我最誠心的建議，就是「笑」！若你的嘴角是上揚的，那就表示，你是能承接好運、享受幸福的人。

笑的時候，眉毛會自然展開，「楣」運就會離你遠去；笑的時候，嘴巴比鼻子寬（嘴包鼻），財才能守得住，因為鼻子是人的財富，嘴巴是人的財庫，財富要落在財庫裡才不會破財。有些人稍微破財，便自怨自艾，嘴角下垂無光彩，當然惡性循環，愈嘆氣虧愈大。每天笑臉迎人，財運才能跟著「笑」。

此外，面部的氣色是微妙多變的，仔細觀察，幾乎每天都會有一點點的不同，女孩子比男孩子幸運的是可以化妝，所以可以修飾不好的氣色，好的心情可以轉換原來不好的磁場，使運氣改善，達到改運的效果，男性朋友則可以藉由一些簡單的DIY，也能夠達到理想的效果喔！

1. 每天要注意仔細清潔臉部，尤其容易出油的人，早晚的洗臉不能夠馬虎。

2. 要定期的修剪鼻毛，不要使它露出來，不但不好看還會影響到財運，因為鼻毛就代表財運，如果鼻毛跑出來就代表漏財了。

3. 要定期的剔除印堂上的雜毛，印堂要光亮，長了雜毛會影響到貴人運，所以要常常修剪。

4. 要定期的修剪眉毛，一般的男性是不需要修剪眉毛的，可是如果眉毛長得太粗太亂，尤其是眉毛長到印堂上，或者是長到眼睛的上方，都是對事業和財運不利的象徵，所以不要忽視眉毛的問題，不管什麼樣的眉型都要讓人感覺清爽乾淨，才有貴氣。

5. 要定期的清除粉刺及青春痘，才不至於留下坑坑巴巴的凹洞。

6. 每天可以擦一些化妝水來保濕，皮膚比較乾的人或冬天的時候，可以擦一些乳液，能夠防止皺紋，並且使皮膚看起來有光澤，有眼袋、黑眼圈或有皺紋的人，可以在局部的地方擦一點眼霜來保養，能夠使你看起來更有精神。

7. 嘴唇乾裂的男性，要擦護唇膏，白天外出時可以擦少一點，別人就看不出來了，晚上睡覺前再多擦一些來滋潤，對於愛情運和財運都有提昇的作用。

8. 別忘了要使用一點點淡淡的古龍水，能給人乾淨禮貌的好印象，或是使用漱口水給人清新的好口氣，這些都可以讓你的運氣愈來愈好，人緣和魅力也能夠不斷的加強。

笑要養成習慣，才會笑得好看，笑得自然。明白自己面相的優缺點，並且能夠及時改善，就是一個有自覺的人；能自覺的人，在每一刻都能獲得重生，都會看見生命的奇蹟！

國家圖書館出版品預行編目資料

開運面相好神氣 ／ 雨揚居士著. -- 初版. --
　臺北市：臉譜出版：城邦文化發行, 2004 [民93]
　面；公分 -- （雨揚開運系列；FE0004）
　ISBN 986-7896-88-2（平裝）

　1. 面相
293.21　　　　　　　　　　　　　　　　　93013676

雨揚開運系列 FE0004

開運面相好神氣

作　　　　者／雨揚居士
特　約　編　輯／潘玉芳
行　銷　企　劃／郭其彬
美　術　設　計／難人視覺工作室
封　面　攝　影／黃建昌
內　頁　攝　影／徐志初
人　物　插　畫／陳弘耀
情　境　插　畫／郁志宏

發　　行　　人／蘇拾平
出　　　　版／臉譜出版
　　　　　　　台北市信義路二段213號11樓
　　　　　　　電話：（02）2356-0933　傳真：（02）2341-9100
發　　　　行　英屬蓋曼群島商家庭傳媒股份有限公司 城邦分公司
　　　　　　　台北市中山區民生東路二段141號2樓
　　　　　　　讀者服務專線：0800-020-299
　　　　　　　服務時間：週一至週五9:30～12:00；13:30～17:30
　　　　　　　24小時傳真服務：02-25170999
　　　　　　　讀者服務信箱E-mail：cs@cite.com.tw
　　　　　　　劃撥帳號：19833503 英屬蓋曼群島商家庭傳媒股份有限公司 城邦分公司
　　　　　　　城邦網址：http://www.cite.com.tw
香港發行所／城邦（香港）出版集團
　　　　　　　香港北角英皇道310號雲華大廈4/F 504室
　　　　　　　電話：25086231　傳真：25789337
馬新發行所／城邦（馬新）出版集團
　　　　　　　Cite（M）Sdn. Bhd.（458372U）
　　　　　　　11, Jalan 30D/146, Desa Tasik, Sungai Besi,
　　　　　　　57000 Kuala Lumpur, Malaysia
　　　　　　　電話：（603）90563833　傳真：（603）90562833

■初版一刷　　2004年8月23日　　　　　　　　Printed in Taiwan

ISBN 986-7896-88-2

定價268元

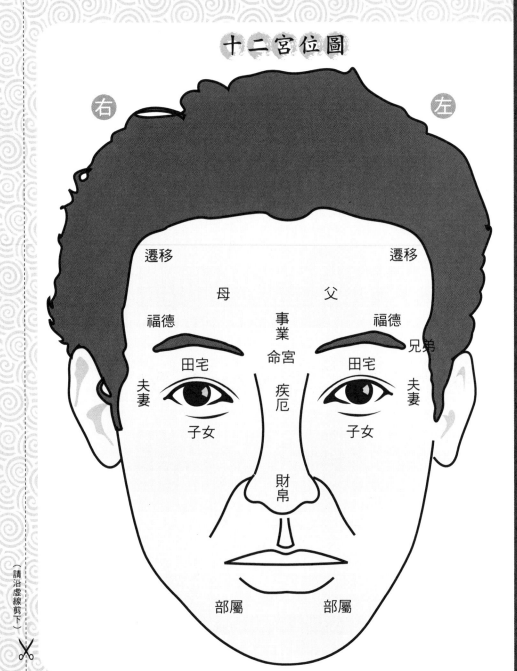

十二宮位圖

右　　　　　　　　左

遷移　　　　　　　　遷移

　母　　　父

福德　事業　福德
　　　命宮　　　兄弟
田宅　疾厄　田宅
夫妻　　　　夫妻
　子女　　子女

　　財帛

部屬　　部屬

（請沿虛線剪下）

面相開運福卡

利用食指與中指來按摩面部，按摩時搭配眼霜、面霜加以滋養潤滑，一星期按摩臉部兩次，每次約二十分鐘，使臉色呈現粉紅色，就能漸漸按出好運與自信！

❶ 增強外出運、出國運
多按摩左右兩邊「邊地驛馬」的遷移宮位置，首先，要剔除此處的雜毛，並左右旋轉式按摩，即可提昇你的出外運。

❷ 加強子女間的親情及夫妻感情
加強子女親情要多按眼睛下方的「淚堂」，即所謂的「子女宮」；想要加強夫妻之間的感情就要多按眼尾處的「夫妻宮」。按摩的方法是用點狀輕壓的方式由子女宮按至夫妻宮，並加強夫妻宮的力道，重複做使其粉嫩紅潤而止。

❸ 增強自信與抵抗力
兩眼之間與兩眉之間是「命宮」、「疾厄宮」的位置，由下往上按摩，可以增加自信心與抵抗力。

❹ 增強財運並提高免疫力
鼻子象徵財庫，由下往上推，數次後，再由上往下按摩至鼻翼處輕壓，反覆按摩能加強財運，還能增加免疫力，對過敏性鼻炎有不錯的幫助。

❺ 提昇人氣指數
要多做顴骨按摩，由內而外畫圈，重複做可以使你有好臉色，即可加強社會地位、名氣，以及個人魅力。

❻ 添福增壽
耳垂是晚年福氣的象徵，也代表是否有積蓄與口福，先搓揉耳垂幾下後定點施壓，讓耳相更好，可以添福增壽。

❼ 提昇晚年運和不動產運
結實豐厚的下巴即是有好的地閣，代表晚運好，不動產運也好，反手輕拍下巴，讓下巴更有彈性。

❽ 強化人緣與財運
嘴巴可以看出一個人的財運與人緣，不管男生、女生，嘴色都不能乾巴巴的哦！一定要常笑，護唇膏不能少，有利加強人緣與財運。

按摩方法

右　　　　左

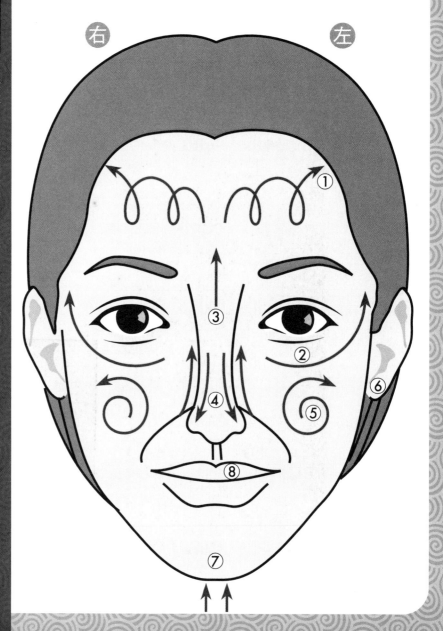